Informations légales

© 2023
Auteur et éditeur : M.Eng. Johannes Wild
A94689H39927F
E-mail : 3dtech@gmx.de

Les mentions légales complètes du livre se trouvent dans les dernières pages !

Cette œuvre est protégée par le droit d'auteur

Table des Matières

Préface

Merci beaucoup d'avoir choisi ce livre!

Dans ce livre, vous apprendrez à utiliser le logiciel de conception CAO. Guidé pas à pas par l'expertise d'un ingénieur mécanique allemand. Apprenez tout ce que vous devez savoir sur la création d'objets 3D et la réalisation de vos propres idées et projets, de manière simple et compréhensible ! La motivation pour écrire ce livre était de vous enseigner tous les processus importants et de base de la CAO, d'une manière simple (expliquée avec des exemples pratiques) et directe. À cette fin, nous utilisons dans ce cours un logiciel de CAO semi-professionnel, que vous pouvez télécharger gratuitement !

Lien de téléchargement:

https://www.rs-online.com/designspark/mechanical-download-and-installation

Ce cours, spécialement conçu pour les débutants, vous apprendra à utiliser un logiciel de CAO et à réaliser vos propres conceptions. Outre des explications théoriques sur l'utilisation du logiciel et une approche simple de la conception CAO, vous apprendrez au moyen de projets de conception pratiques et passionnants ! Dans ce cours, vous apprendrez tout ce qu'il faut savoir pour créer des composants tridimensionnels !

Comme il est encore plus amusant de pouvoir matérialiser ses propres créations, vous trouverez également du matériel pour débutants et des informations sur l'apprentissage de l'impression 3D dans le livre correspondant : L'impression 3D | Un guide étape par étape. Cherchez-le sur amazon.

1 Comment utiliser ce livre et Introduction

Bonjour et bienvenue au cours de CAO pour débutants ! Merci d'avoir choisi ce livre ! Dans ce cours, vous trouverez une introduction aux bases et au fonctionnement de la conception CAO et des exemples concrets et pratiques de conception afin de rendre leur apprentissage aussi simple et efficace que possible. Comme vous le savez peut-être déjà, l'abréviation CAO signifie "conception assistée par ordinateur". Les logiciels de CAO sont utilisés pour créer ou modifier des objets tridimensionnels. Des pièces simples aux pièces complexes, en passant par les ensembles complets qui peuvent être assemblés virtuellement.

Dans ce cours, destiné spécifiquement aux débutants, vous apprendrez comment l'environnement d'un programme de CAO est structuré et comment utiliser au mieux les différentes fonctionnalités pour créer des objets tridimensionnels. Chaque projet de conception peut être recréé étape par étape et un par un, ce qui constitue une introduction facile à la matière et leur permet de se familiariser avec les nombreuses fonctions d'un programme de CAO à chaque projet.

S'ils sont également intéressés par l'impression 3D, ils peuvent même matérialiser les objets. Si vous êtes intéressé, jetez un coup d'œil à mon livre : L'impression 3D | un guide étape par étape!

Le programme de CAO utilisé dans ce cours est "DesignSpark Mechanical" de RS Components. Ce programme offre une interface utilisateur claire et simple et est également disponible gratuitement ! La structure des fonctions de conception est très similaire aux programmes de CAO professionnels et très coûteux que les ingénieurs ou les techniciens utilisent dans leur travail quotidien. Téléchargez gratuitement la dernière version de DesignSpark Mechanical sur :

www.rs-online.com/designspark/mechanical-download-and-installation

Les licences de programmes de CAO professionnels tels que "SolidWorks", "Catia", "SolidEdge" ou "AutoCAD" et "Inventor" coûtent de un à plusieurs milliers d'euros et ne sont donc généralement intéressantes que pour les utilisateurs professionnels et les indépendants. C'est pourquoi nous utilisons dans ce cours le programme de CAO simple et gratuit "DesignSpark Mechanical". L'environnement du programme est très clair et simple. Parfait pour que les débutants puissent s'y retrouver. En outre, le programme offre presque toutes les commandes nécessaires pour créer de superbes objets. Outre les coûts, une grande importance a également été accordée à cet aspect lors du processus de sélection.

S'ils souhaitent essayer d'autres programmes, ils trouveront ci-dessous d'autres programmes de CAO, également gratuits, pour les débutants, les avancés et les professionnels. Dans certains cas, vous ne pouvez effectuer qu'une simple édition avec ces programmes et aucune conception, comme c'est le cas avec certains programmes pour débutants. Dans ce cours, la construction est expliquée uniquement sur la base de DesignSpark Mechanical, mais comme de nombreux programmes de CAO ont une structure très similaire, vous vous retrouverez après ce cours dans d'autres programmes de CAO également. Pour les opérations de base et les conceptions très simples, vous pouvez essayer "TinkerCAD", "Meshmixer" ou "3DSlash". Au fur et à mesure de la progression, vous pourrez essayer "FreeCAD" ou "SketchUp" ou "Fusion360". Et pour les applications professionnelles, "Blender" et "Onshape" offrent de bonnes alternatives.

Débutants	Avancé	Professionnel
TinkerCAD	DesignSpark	Blender
Meshmixer	FreeCAD	Onshape
3DSlash	SketchUp	Fusion 360

Les logiciels recommandés sont surlignés en vert!

Tous les programmes de CAO les plus populaires fonctionnent de manière identique, ce que nous allons examiner rapidement ci-dessous.

2 Principes généraux de conception

Pour créer un modèle 3D, il faut d'abord réaliser un croquis en 2D de l'objet souhaité. Cela se fait avec des éléments simples, tels que : Ligne, cercle, rectangle et polygone. Vous pouvez considérer la réalisation d'une esquisse en 2D comme un dessin dans "Microsoft Paint". Ce croquis 2D est réalisé sur un plan de l'espace tridimensionnel, puis transformé en un objet tridimensionnel à l'aide d'une commande d'extrusion.

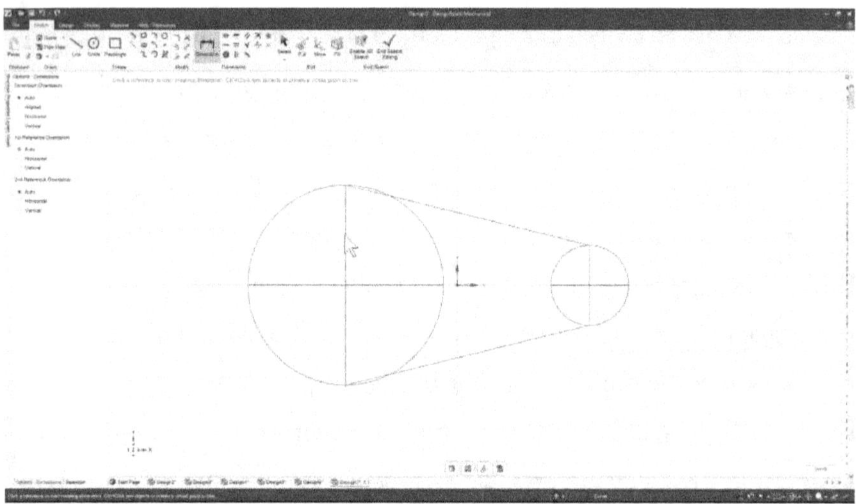

Figure 1: Créer une esquisse en 2D à partir d'éléments de base (lignes et cercles)

Vous apprendrez exactement comment cela fonctionne au fur et à mesure. Il existe différentes méthodes d'approche des différentes constructions, qui varient fortement en fonction du constructeur et de l'objet, mais toutes peuvent finalement mener au même but. Il n'y a donc pas qu'UNE seule façon de procéder et vous êtes invités à réfléchir par vous même a la meilleur façon de faire. Parfois, une approche différente permet d'atteindre le but plus facilement ou plus rapidement, parfois c'est le contraire. Cela fait travailler leur imagination et leur donne l'occasion d'essayer d'autres approches.

Le degré de difficulté des chapitres et objets de construction suivants augmente successivement. Il est donc préférable de respecter l'ordre donné dans le cours.

Chaque projet vous permettra d'apprendre une nouvelle fonction ou une nouvelle façon de travailler. Mais assez parlé. Commençons par la construction ! D'abord quelques bases théoriques, puis place à la pratique et aux projets.

Un autre conseil pour utiliser le cours : Le meilleur moyen et le plus efficace d'apprendre à utiliser le logiciel de CAO est d'abord de regarder attentivement les différentes étapes de conception, puis d'arrêter la vidéo après 3-4 étapes et d'essayer ensuite de copier les étapes montrées de manière autonome et sans aide supplémentaire.

Dans les sections suivantes, vous allez d'abord en apprendre davantage sur l'interface du logiciel de conception "DesignSpark Mechanical" et sur la création d'une esquisse en 2D, ainsi que sur le transfert ultérieur de l'esquisse en un objet en 3D. Ensuite, nous construirons objets étape par étape.

Commençons!

3 Aperçu du menu et des éléments du programme de CAO : "DesignSpark"

Après avoir démarré le programme, nous effectuons d'abord quelques réglages généraux du programme pour créer la même situation de départ. Cliquez sur "File" dans le coin supérieur gauche et ensuite sur "DesignSpark-Options".

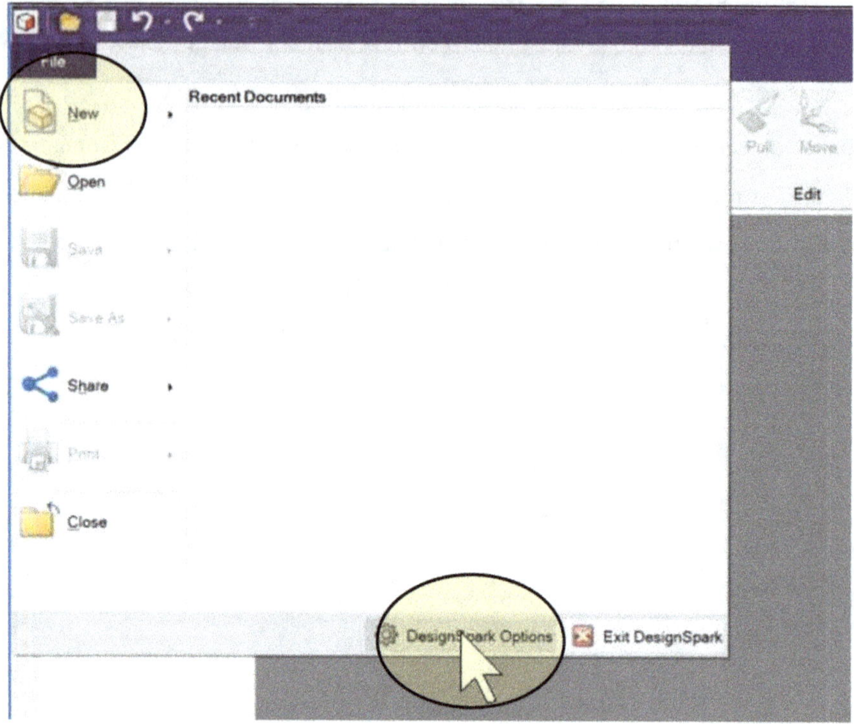

Figure 2: Paramètres généraux dans DesignSpark

Allez dans l'élément de menu "Snap" et décochez la case "Grid". Cela empêche le curseur d'être orienté sur la grille de l'environnement d'esquisse 2D.

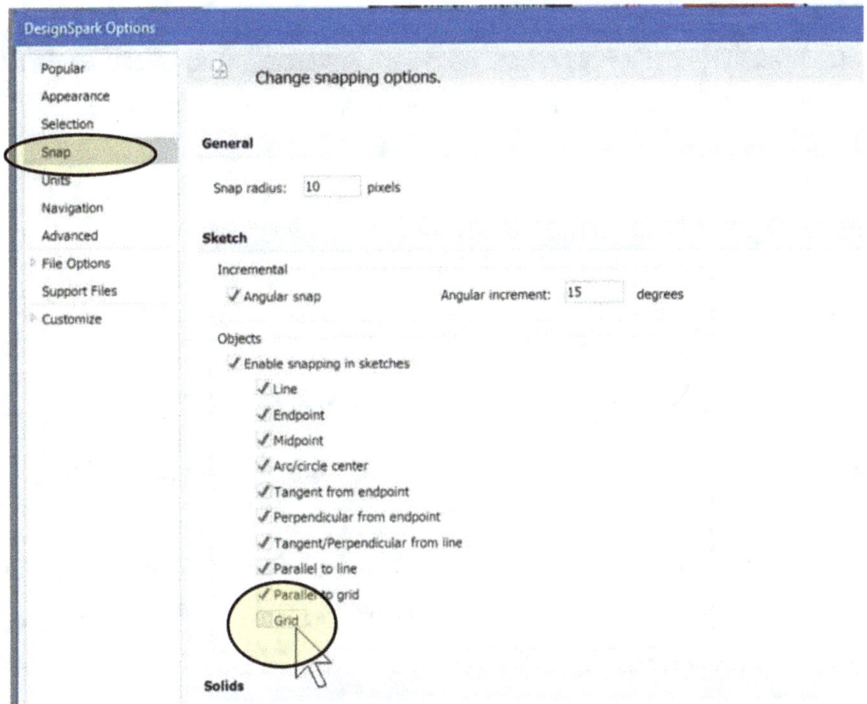

Figure 3: Paramètres généraux dans DesignSpark

Il est avantageux de pouvoir dessiner aussi librement que possible. Dans le menu "Units", nous vérifions les valeurs définies. Nous voulons utiliser le système métrique et spécifier les unités de longueur en millimètres. En outre, les angles doivent être affichés en degrés et les masses en grammes.

Dans l'élément de menu "Advanced", nous vérifions le paramètre "Enable constraint based sketching". Dans cet élément de menu, nous pouvons également - si nous le souhaitons - changer la langue de navigation du menu. Si nécessaire, sélectionnez la langue de votre choix dans la rubrique "Language".

Pour des raisons d'organisation, je laisse le réglage sur "English". C'est un avantage pour eux, afin de mieux se retrouver dans les forums Internet anglophones.

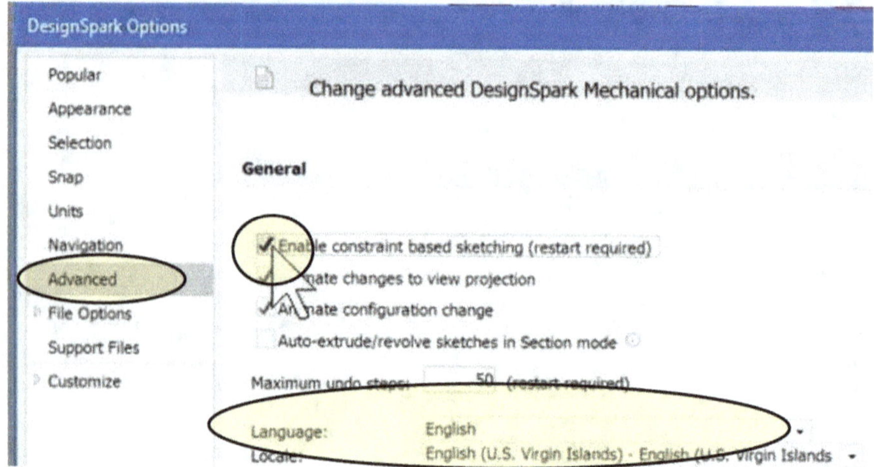

Figure 4: Paramètres généraux dans DesignSpark

Ensuite, nous quittons les paramètres et redémarrons d'abord le programme pour appliquer tous les paramètres. Après le redémarrage, nous démarrons un nouveau document de conception sous "File" → "New" → "Design".

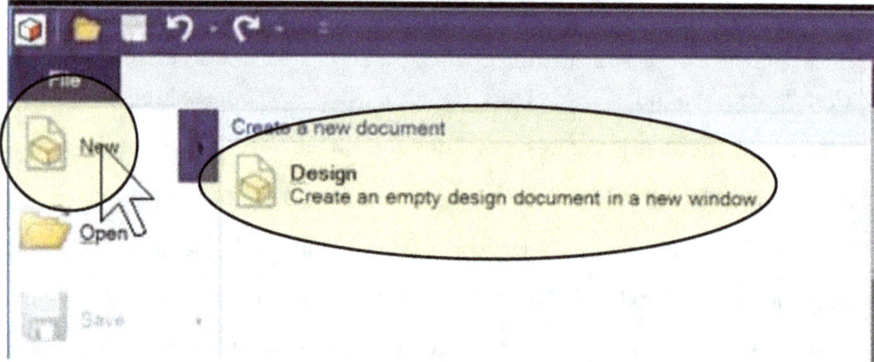

Figure 5: Créer un nouveau document de conception

Examinons d'abord l'environnement du programme et les barres de menu situées dans les zones supérieure et latérale. Nous allons d'abord traiter la section du menu "Design". Vous pouvez y sélectionner différentes vues du composant, ainsi que les fonctions de base "Pan", c'est-à-dire déplacement et "Spin", c'est-à-dire rotation.

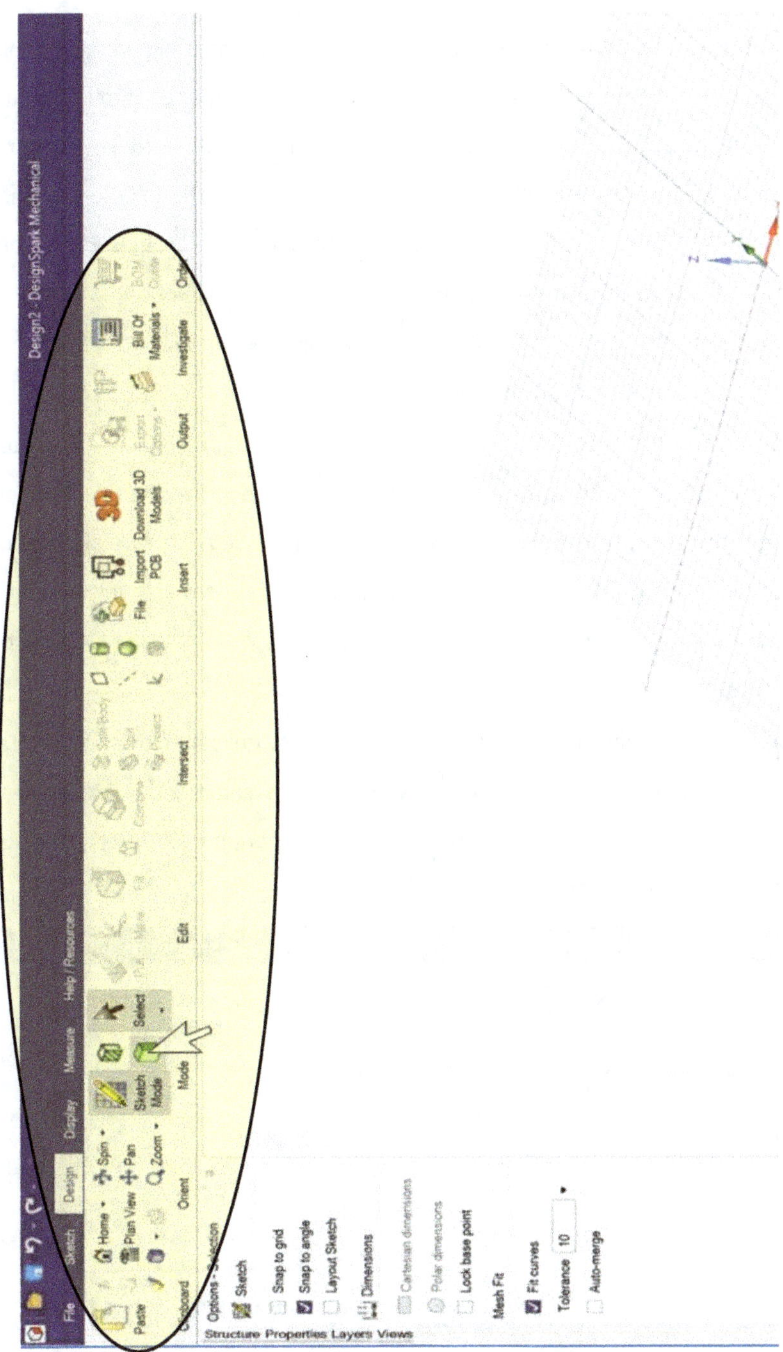

Figure 6: Onglet de menu "Design" comprenant de nombreuses fonctions

La rotation de l'environnement de dessin est également possible en maintenant la molette de la souris enfoncée tout en déplaçant la souris. Le déplacement est possible en appuyant sur la touche Shift et sur la molette de la souris. La fonction de zoom s'effectue comme d'habitude en tournant la molette de la souris. Dans la zone "Mode" qui suit, vous pouvez basculer entre le mode croquis 2D, la vue en coupe et le mode 3D. En plus d'une simple fonction de sélection, la zone "Edit" offre les fonctions supplémentaires "Pull", "Move" et autres. Ces éléments sont disponibles lorsque le mode 3D est activé.

Dans la zone "Intersect", il est possible de combiner ou de séparer des corps ou des parties et dans la zone "Insert", il est possible, entre autres, de sélectionner ou de créer des plans et des axes. En outre, des fichiers peuvent être chargés dans l'environnement de conception ou des modèles 3D peuvent être importés d'une base de données en ligne. Dans la zone "Investigate", vous trouverez les fonctions importantes "Measure" et "Dimension".

La barre latérale haut contient l'arbre de structure, qui répertorie les différents composants d'un modèle, ainsi que les options des commandes à exécuter. La barre latérale peut également être masquée ou réorganisée en cliquant sur la petite icône en haut à droite de la barre.

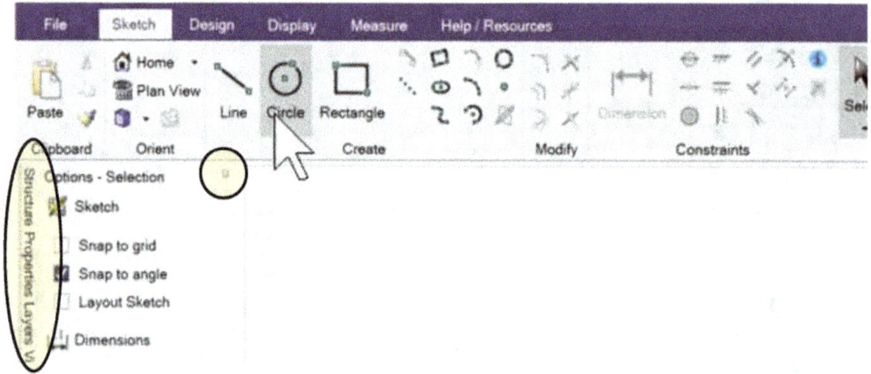

Figure 7: Barre latérale du programme

Plus de détails sur les fonctions de cette barre seront donnés plus tard dans les projets pratiques.

Dans la zone "Sketch", on trouve les éléments de base pour la création d'une esquisse, c'est-à-dire pour le dessin bidimensionnel par lequel commence toute conception. Vous en avez besoin pour la création d'une esquisse en mode esquisse 2D. Vous y trouverez les éléments suivants : ligne, cercle, arc, rectangle et autres. En outre, dans les zones "Modifiy" et "Contraints", il est possible d'arrondir les bords et de définir des conditions telles que le "parallélisme" de deux lignes ou la "concentricité" de deux cercles. Nous en reparlerons plus tard. Nous connaissons déjà la zone "Edit" avec les fonctions "Pull" et "Move" de la barre de menu "Design". Dans la dernière zone : "End Sketch", vous pouvez quitter le mode esquisse après avoir réussi à créer ou à modifier une esquisse et passer au mode 3D.

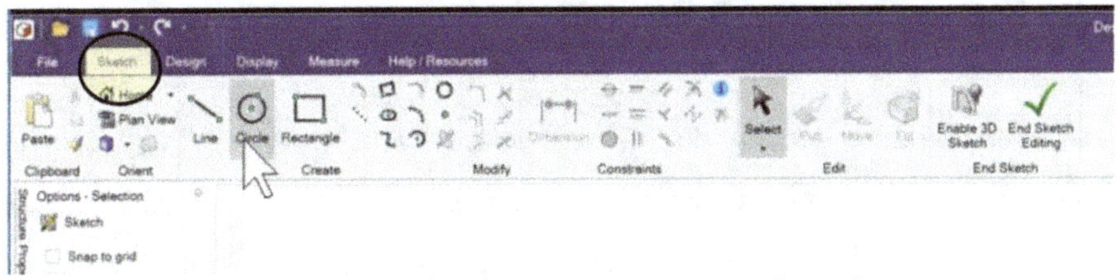

Figure 8: Onglet de menu "Sketch" avec fonctions pour la création d'esquisses

Dans l'étape suivante, nous sélectionnons la section de menu "Display". Là encore, les fonctions "Paste" et "Selection of views" sont sélectionnables. En outre, les paramètres de couleur peuvent être modifiés dans la section "Style" et l'affichage du modèle peut être modifié en sélectionnant "Graphics". Dans la zone "Window", une nouvelle fenêtre de construction peut être ouverte. Dans la zone suivante "Grid", il est possible d'effectuer des réglages concernant la grille d'esquisse et l'arrière-plan. Et dans la dernière zone "Display", vous pouvez sélectionner les éléments (par exemple, le système de coordonnées) qui doivent être affichés ou non.

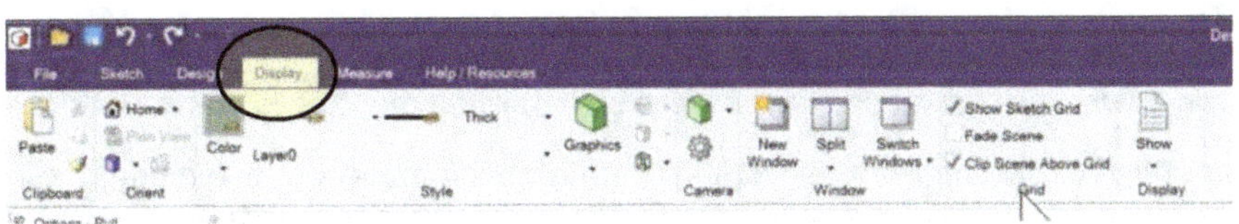

Figure 9: Onglet de menu "Display" avec diverses fonctions d'affichage

Si nous passons à l'onglet "Measure", nous trouvons les fonctions importantes et pertinentes de la fonction de mesure, représentée par un symbole de mesure, et la possibilité d'afficher les "Mass Properties" d'un composant. Cette fonction peut être très utile si vous souhaitez déterminer le poids ou le centre de gravité d'un composant.

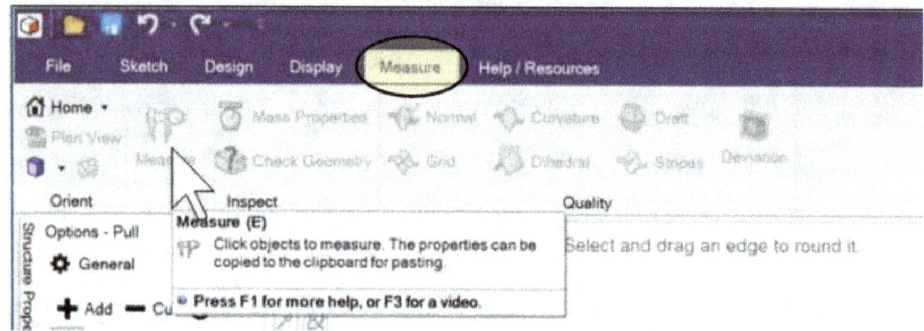

Figure 10: Onglet de menu "Measure" avec diverses fonctions de cotation

Dans la dernière section du menu, l'onglet "Help/Ressources", de courtes instructions sur le programme et des tutoriels peuvent être appelés. Il existe également une interface vers le forum et le support technique. Ensuite, ils trouvent d'autres exemples de projets et, dans la zone suivante, il y a la possibilité d'effectuer des mises à jour. Dans la zone "About", ils peuvent enfin consulter des informations générales sur le programme.

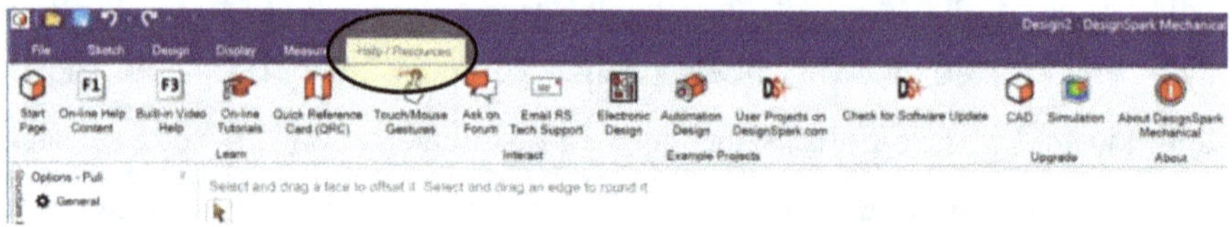

Figure 11: Onglet de menu "Help/Resources" avec diverses fonctions d'aide

N'ayez pas peur de la multitude d'éléments et de caractéristiques, au cours de la formation, nous apprendrons à connaître les différents éléments pas à pas et en détail grâce à une méthode de travail pratique.

À la fin de ce chapitre, découvrons plus en détail comment nous pouvons afficher des objets dans différentes vues, afin de pouvoir commencer directement avec les premières esquisses dans le chapitre suivant. Revenons à la section "Design", afin d'essayer la sélection des différentes vues. Pour ce faire, le mode 3D doit d'abord être activé dans la zone "Mode". Ensuite, nous pouvons choisir entre de nombreuses vues (isométrique, trimétrique, haut, bas, ...) dans la section "Orient".

Figure 12: Sélection de différentes vues dans l'onglet "Design" du menu

Passons maintenant au chapitre suivant, où nous apprenons déjà l'un des concepts les plus fondamentaux de la CAO : l'esquisse 2D. Restez à l'écoute !

4 Créer les premières esquisses en 2D

Chaque composant 3D doit d'abord être lancé en tant qu'esquisse 2D. Imaginez que vous regardez le sommet d'un objet tridimensionnel simple. Que voyez-vous, par exemple, si vous regardez un cylindre depuis le haut, à un angle parfaitement droit par rapport à l'axe ? Un cercle à deux dimensions, rien d'autre. Et c'est exactement à partir de cette forme que le cylindre est créé dans le programme de CAO, de manière analogue à tous les autres éléments. C'est exactement cette géométrie de cercle que nous devons dessiner dans la première étape. La forme tridimensionnelle est ensuite obtenue par d'autres étapes.

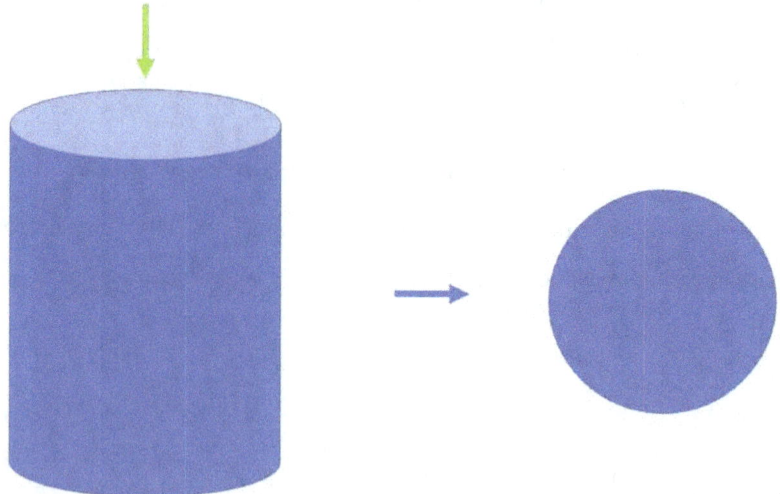

Figure 13: Le cercle 2D comme forme de base pour un cylindre 3D

Au début d'une esquisse, passez dans la zone "Design" et cliquez dans la zone du petit système de coordonnées sur l'axe z bleu ou sur le plan situé en dessous. Cela permet de sélectionner votre plan d'esquisse. Dans ce cas, il s'agit du plan défini par les axes de coordonnées "x" et "y", puisque nous voulons voir l'esquisse 2D depuis le haut, comme dans l'exemple précédent avec le cylindre.

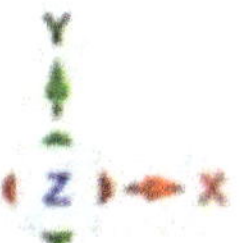

Figure 14: Le système de coordonnées dans la zone inférieure gauche du programme

Assurez-vous d'abord que vous êtes en mode "Sketch 2D" dans l'onglet "Design" du menu. Sélectionnez toujours ce mode "Sketch 2D" pour créer une esquisse en 2D. En le sélectionnant, le programme passe à l'onglet "Sketch" pour vous permettre de sélectionner les éléments géométriques de l'esquisse.

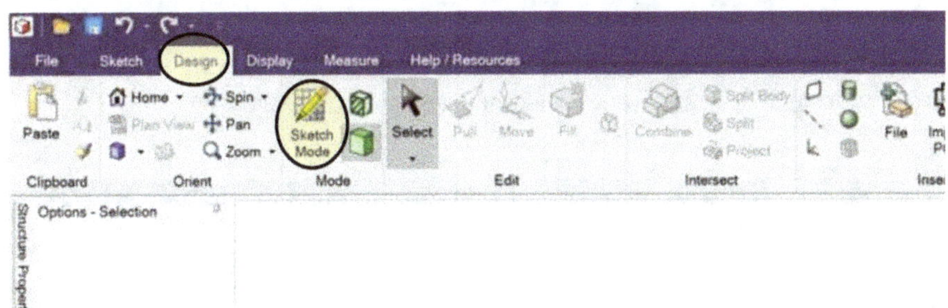

Figure 15: Lancez le "Sketch Mode" dans l'onglet du menu "Design"

Avant de créer la première esquisse 2D, vous pouvez décocher la case "Show Sketch Grid" dans la section "Display" du menu. La grille est alors supprimée et vous obtenez l'écran affiché. Toutefois, ce réglage est une question de ressentit et ne doit pas nécessairement être effectué.

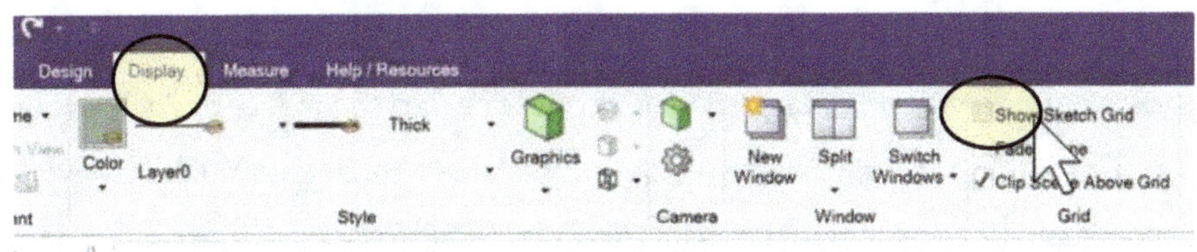

Figure 16: Suppression "Show Sketch Grid" dans l'onglet "Display" du menu

Divers éléments de dessin de base sont désormais disponibles pour créer la géométrie d'une esquisse en 2D. En sélectionnant "Ligne", par exemple, on peut former une géométrie à partir d'éléments en forme de ligne. Essayons ça. Il suffit de cliquer sur un point quelconque, par exemple au centre du système de coordonnées, et de commencer un dessin en cliquant et en faisant glisser la souris. Le dessin doit, par exemple, correspondre à la section transversale de l'objet 3D souhaité ou, dans le cas d'objets simples, à la surface supérieure ou à la section transversale de l'objet, c'est-à-dire un cercle comme dans le cas d'un cylindre. Saisissez les dimensions souhaitées à l'aide de votre clavier.

Outre une ligne, vous pouvez également créer un cercle, une ellipse, une courbe de forme libre ou un rectangle. Essayons aussi ceci.

Dans la barre "Sketch", vous trouverez également : un point, divers arcs et d'autres éléments.

Il est préférable d'essayer tous les éléments au moins une fois.

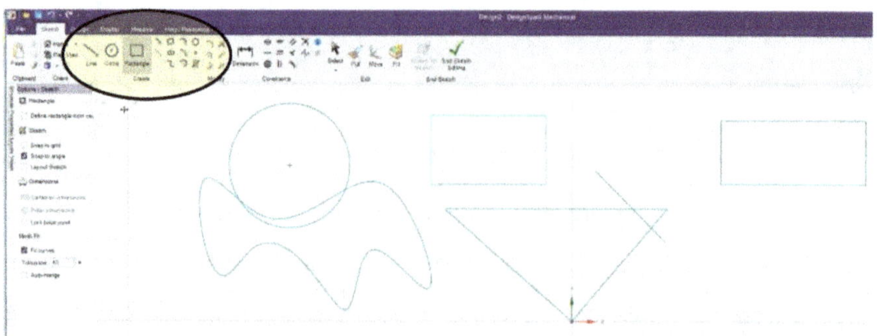

Figure 17: Exercices de croquis avec ligne, cercle, rectangle, etc.

Une autre astuce concernant l'élément géométrique "Rectangle" : lorsque vous dessinez un rectangle, vous remarquerez que le celui-ci commence toujours par un coin. Toutefois, si vous souhaitez que le rectangle commence au centre, vous pouvez utiliser le paramètre souvent très utile "Define rectangle from center" dans la barre latérale sous "Options". Cette option de réglage est également disponible pour d'autres éléments, tels que la ligne, où vous pouvez - si vous le souhaitez - également partir du centre de la ligne.

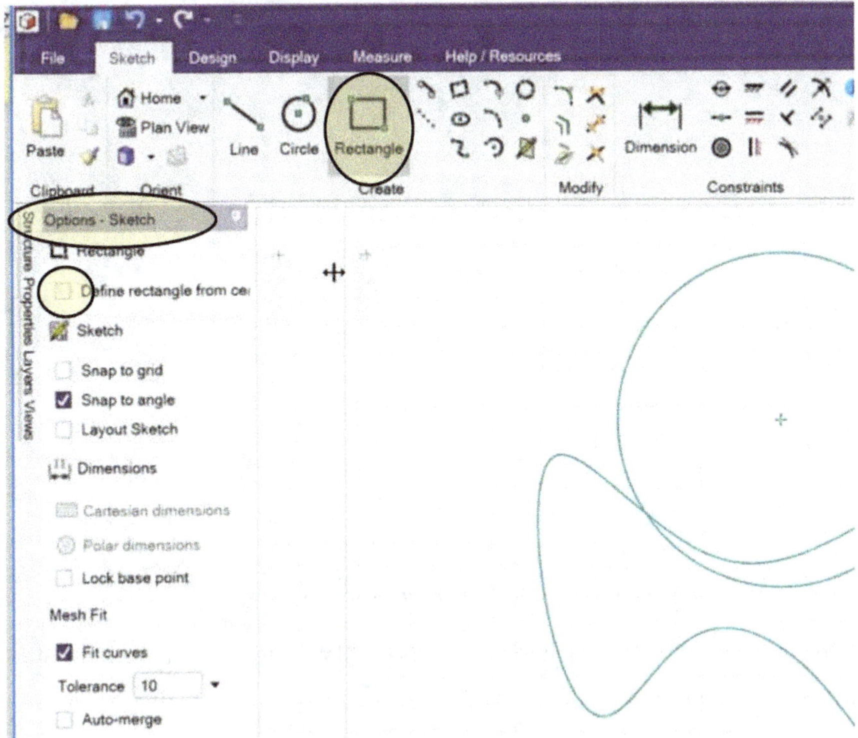

Figure 18: Créez un rectangle ou un autre élément à partir du point central

Pour conclure ces exercices simples de croquis en 2D, veuillez dessiner un rectangle, que vous pouvez ensuite doter de dimensions fictives à l'aide de la fonction "Dimension". Par exemple, sélectionnez une largeur de 35 mm et une hauteur de 20 mm. Pour ce faire, cliquez sur l'outil "Dimension", puis sur la ligne souhaitée. Il existe deux façons de procéder, qui aboutissent toutes deux au même résultat : Vous pouvez dessiner un rectangle avec les dimensions correctes en entrant déjà les valeurs à l'aide de votre clavier pendant le dessin. Un conseil : utilisez la touche Tab pour passer d'un champ à l'autre pour la saisie des dimensions. Vous pouvez également dessiner n'importe quel rectangle, puis en modifier les dimensions. Vous pouvez le faire en double-cliquant sur la dimension. Saisissez ensuite la valeur souhaitée et confirmez avec la touche Enter.

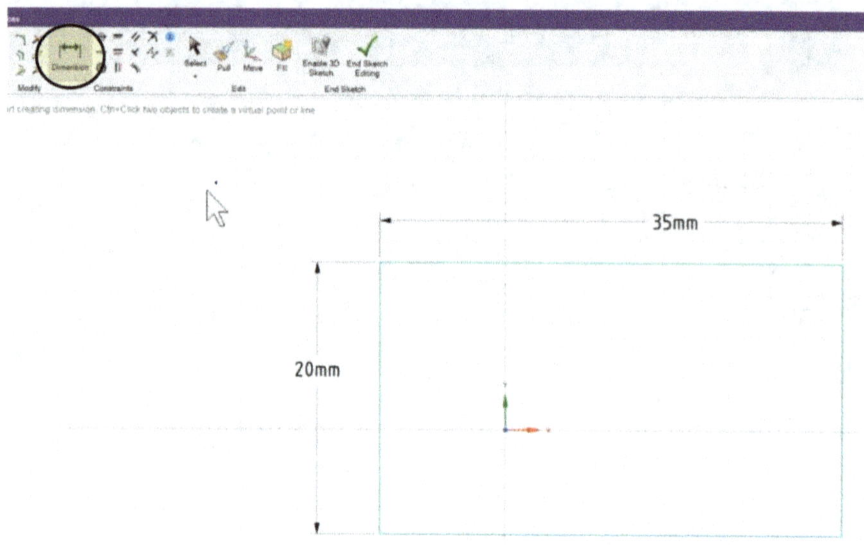

Figure 19: Dessiner un rectangle et le dimensionner avec la fonction "Dimension"

Vous pouvez également dimensionner la distance entre deux lignes en cliquant d'abord sur la première ligne, puis sur la deuxième ligne. La fonction "Dimension" doit être active. Maintenant, c'est votre tour ! Mettez brièvement la vidéo en pause et essayez de tracer le rectangle.

Vous pouvez quitter le mode esquisse en cliquant sur la coche verte dans la barre de menu supérieure. Dans la partie inférieure du mode d'esquisse, vous trouverez également quelques boutons utiles pour quitter le mode d'esquisse. Sélectionnez le petit cube vert et le programme quitte le mode esquisse puis passe automatiquement en mode 3D. Vous pouvez également utiliser les autres boutons pour sélectionner une nouvelle couche d'esquisse.

Figure 20: Boutons pour diverses fonctions dans la zone inférieure

Pour créer un objet tridimensionnel, il est important que l'esquisse soit complètement fermée et ne présente aucun vide. Ceci est indiqué par la zone à fond vert qui remplit la surface de l'esquisse. Cela signifie que la surface a une ligne de démarcation continue sans lacunes.

Figure 21: Zone esquissée en mode 3D (fond vert)

Après avoir sélectionné le mode 3D, faites pivoter l'environnement de construction en maintenant la molette de la souris enfoncée tout en déplaçant la souris ou en utilisant le système de coordonnées en bas à gauche. Sélectionnez ensuite la fonction "Pull" et cliquez sur la surface du rectangle. Dans le coin supérieur gauche, vous verrez maintenant d'autres options pour la fonction "Pull". Mais nous en reparlerons plus tard.

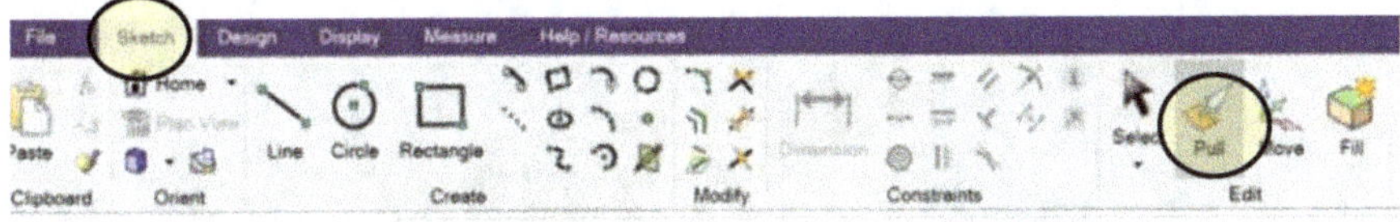

Dans le chapitre suivant, nous allons créer un objet tridimensionnel à partir du croquis 2D que nous avons réalisé. Très bien, vous faites de bons progrès ! Bientôt nous arriverons au premier projet !

5 D'un croquis en 2D à un objet en trois dimensions

Comme annoncé, nous voulons maintenant créer un objet 3D à partir de l'esquisse 2D, à savoir un cuboïde. Nous y parvenons grâce à la fonction "Pull" sélectionnée précédemment. Cette fonction représente une commande dite d'extrusion. Dans d'autres programmes de CAO, vous trouverez donc souvent le terme "Extrusion" ou "Extrude Linear" ou similaire.

Si vous vous déplacez maintenant dans la direction de la flèche jaune tout en sélectionnant la fonction "Pull" et en maintenant le bouton gauche de la souris enfoncé, vous pouvez créer un objet tridimensionnel à partir de la surface 2D. À l'aide de la barre d'espacement, vous pouvez interrompre le processus et entrer une dimension souhaitée. Confirmez ensuite en appuyant sur Enter. La fonction "Pull" est une fonction très basique et polyvalente, comme nous allons le voir ci-dessous.

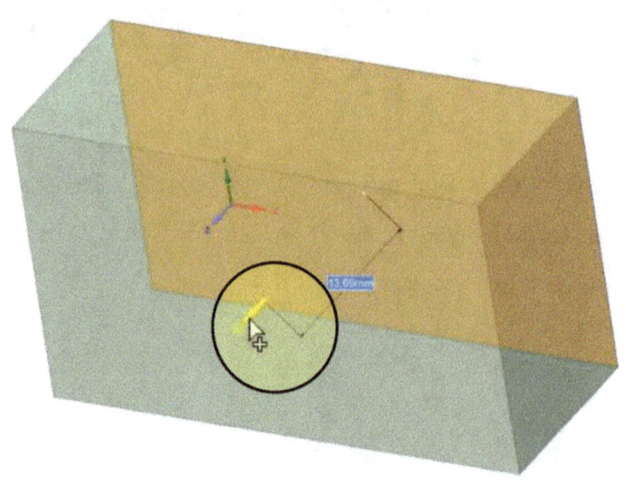

Figure 22: La surface 2D est transformée en un corps 3D avec "Pull"

Puisque l'objet tridimensionnel est maintenant maintenu relativement simple, nous nous occupons maintenant du traitement ultérieur de notre cuboïde afin d'apprendre à connaître quelques opérations de base en mode 3D. Une approche possible de la conception consiste à la voir comme un véritable travail d'usine, un objet serait travaillé comme s'il était a main nues ou assisté par une machine. Vous créez d'abord la matière première, en l'occurrence le matériau cuboïde, puis vous le travaillez successivement en plusieurs étapes - en utilisant des découpes, des trous et d'autres caractéristiques de conception virtuelles, de manière à obtenir l'élément final. C'est pourquoi ce type de travail de l'objet est appelé soustractif. Vous réduisez le matériau initial par des étapes de travail individuelles jusqu'à obtenir l'objet souhaité. Il existe également d'autres approches, comme la variante additive. Ici, le modèle CAO ou l'objet réel - comme dans le cas de l'impression 3D - est créé élément par élément. Toutefois, nous traiterons d'abord de l'approche soustractive classique. Dans les étapes suivantes, nous souhaitons insérer un trou et une découpe en forme de rectangle dans notre objet. Pour ce faire, nous devons d'abord créer une esquisse en 2D des géométries du trou et de la découpe. Pour ce faire, cliquez sur "Sketch Mode" et sélectionnez la face supérieure du cuboïde, puisque nous voulons insérer le trou dans le cuboïde de haut en bas. Dans ce cas, la face supérieure du cuboïde est la face qui est parallèle au plan x-y dans la direction z, puisque le cuboïde a été tourné comme indiqué ici.

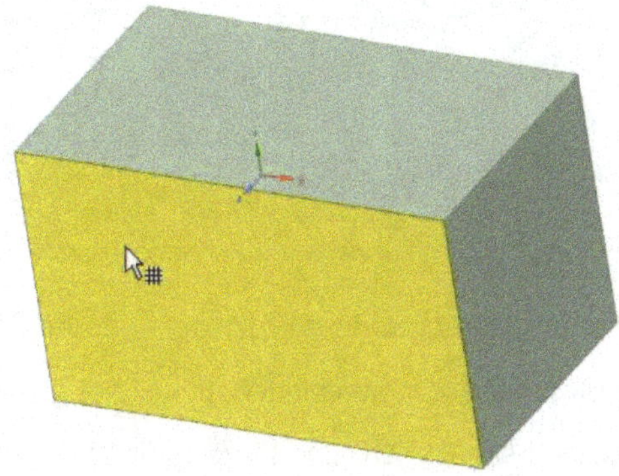

Figure 23: Avec cette orientation, le plan entre x et y est le sommet

Sélectionnez la vue "Top" ou naviguez avec le petit système de coordonnées en bas à gauche.

Nous voulons maintenant créer un trou. Sélectionnez l'option "Circle" pour la géométrie du trou.

Placez ensuite le cercle sur la surface par un clic et entrez un diamètre de 4 mm par exemple. Confirmez avec "Enter". Ensuite, nous définissons la position du cercle avec la fonction "Dimension". Puisque nous sommes dans un espace bidimensionnel, c'est-à-dire que nous dessinons sur une parallèle du plan x-y, nous avons besoin d'une dimension x et d'une dimension y pour définir complètement le croquis ou le cercle. Saisissez les dimensions souhaitées, par exemple 5 mm à partir du bord gauche et du bord supérieur du cuboïde. Le cercle pour le trou est maintenant complètement dimensionné. Il a un diamètre défini et des dimensions dans le sens des axes x et y vers des points définis. Un dimensionnement complet et une esquisse parfaitement définie sont très importants pour obtenir de bons résultats.

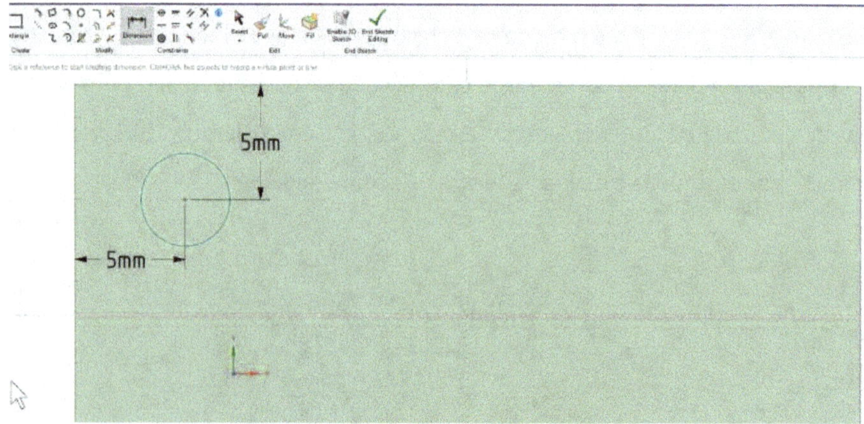

Figure 24: Création et dimensionnement de la géométrie circulaire pour le trou

Nous créons également la géométrie du rectangle lors de cette étape d'édition, puisque nous sommes déjà sur le bon plan. Pour ce faire, tracez d'abord une ligne de construction, qui est simplement une sorte de ligne de guidage, du centre du bord supérieur au centre du bord inférieur du rectangle. Cela facilite le positionnement. Sélectionnez ensuite le rectangle et placez-le au centre de la ligne de construction à l'aide de la fonction "Dimension". Nous avons besoin ici d'une demi-longueur de côté, ce qui donne une dimension de 2,5 mm. Les dimensions du rectangle doivent être de 5 mm chacune pour obtenir un carré.

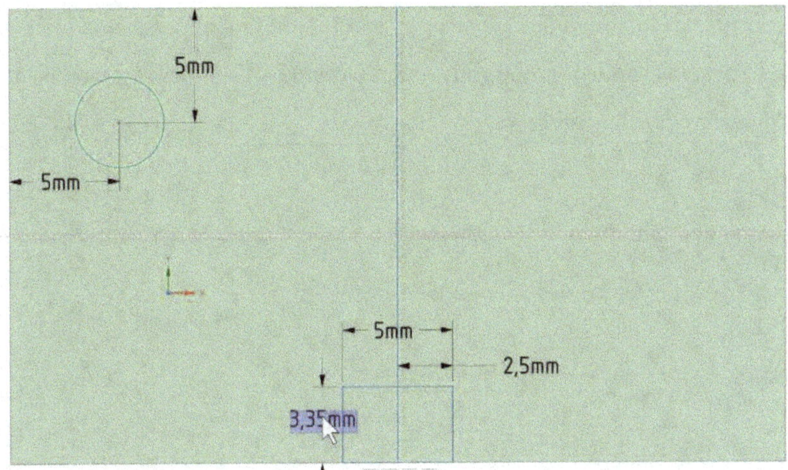

Figure 25: Créez et dimensionnez la géométrie du rectangle pour la découpe

Ensuite, quittez le mode esquisse ou passez en mode 3D et faites tourner l'objet avec votre souris. Ensuite, sélectionnez à nouveau la fonction "Pull" et cliquez sur les surfaces des deux géométries esquissées. Ensuite, déplacez-vous avec le bouton de la souris enfoncé dans la direction négative de l'axe z, c'est-à-dire en direction de l'intérieur du cuboïde.

Comme vous pouvez le voir, le trou et la découpe sont maintenant créés. À l'aide de la barre espace, vous pouvez interrompre le processus et entrer la dimension souhaitée.

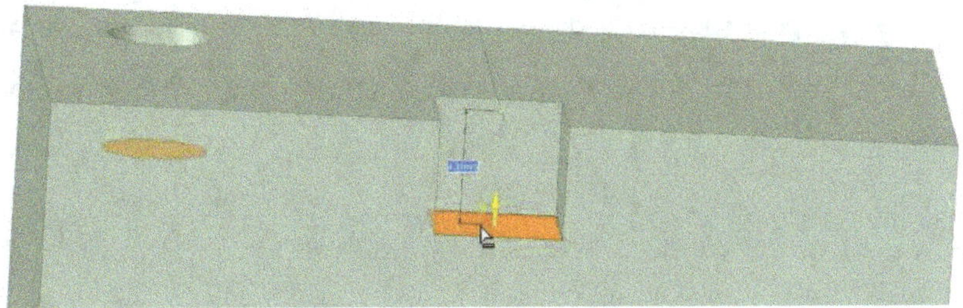

Figure 26: Création du trou et de la découpe en mode 3D

Avec la fonction "Pull", il est également possible d'ajouter du matériel au lieu de l'enlever. Pour ce faire, il vous suffit de déplacer votre curseur dans la direction opposée ou de sélectionner la fonction "Add" dans la barre latérale sous "Options - Pull". Vous pouvez ici basculer entre "Add" et "Cut". Vous pouvez utiliser la fonction "Add" lorsque vous construisez en utilisant une approche additive. Vous en avez besoin chaque fois que vous voulez ajouter de la matière au modèle au lieu de l'enlever par usinage virtuel.

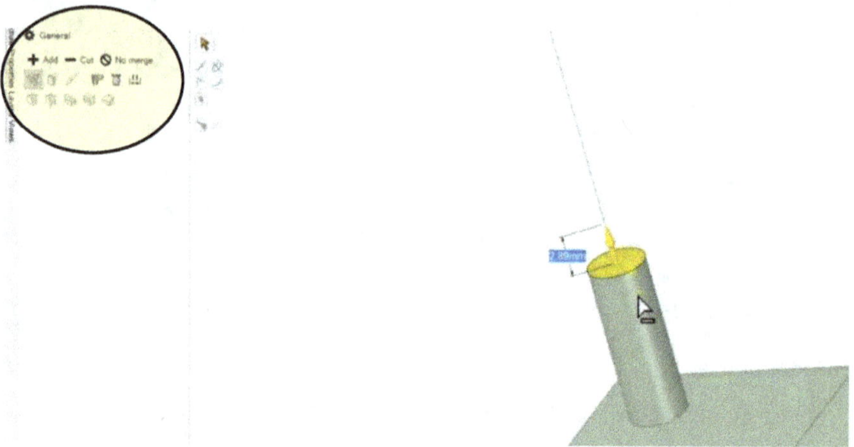

Figure 27: "Options-Pull" dans la barre latérale gauche avec "Add" et "Cut"

Il est également possible d'arrondir les bords ou de créer des chanfreins avec la fonction "Pull". Pour cette fonction, il faut d'abord sélectionner le ou les bords souhaités. Sélectionnez plusieurs bords en maintenant la touche CTRL enfoncée. Déplacez ensuite le curseur dans la direction de la flèche et utilisez la barre d'espacement pour spécifier la dimension souhaitée, c'est-à-dire le rayon dans ce cas. Sinon, il suffit de cliquer à nouveau sur le bord, et vous pouvez alors modifier le rayon.

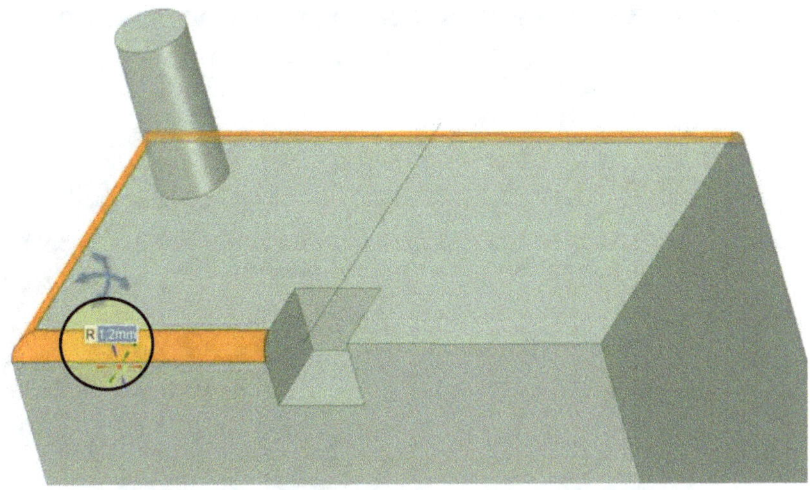

Figure 28: Arrondissement des bords à l'aide de la fonction "Pull"

Comme vous pouvez le constater, la fonction "Pull" est très puissante et offre déjà une variété d'options d'édition de base.

Pour conclure ce chapitre, nous apprendrons à connaître une autre fonction du mode 3D. Avec la fonction "Shell", vous pouvez facilement évider un objet. Pour ce faire, sélectionnez la fonction et la surface inférieure de l'objet.

Ensuite, l'objet est évidé. L'épaisseur de paroi restante peut être saisie à l'aide de la barre espace et du clavier. Plutôt simple, n'est-ce pas ?

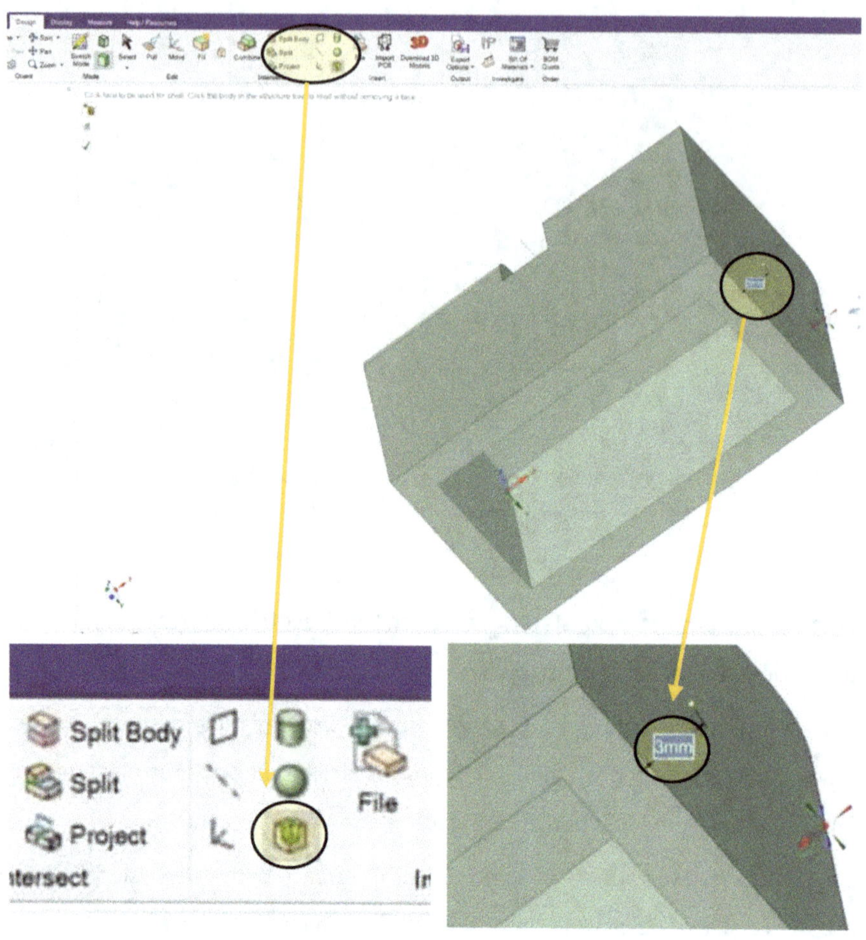

Maintenant, vous savez déjà comment créer une esquisse bidimensionnelle et générer un objet 3D à partir de celle-ci. Vous connaissez également les environnements de conception dans l'espace bidimensionnel et tridimensionnel et les fonctions les plus importantes de ces environnements. Cela signifie que nous connaissons maintenant toutes les bases nécessaires et que nous sommes prêts à commencer le premier projet de conception. Dans le chapitre suivant, nous allons d'abord construire un crochet pratique pour vêtements à fixer sur un cadre de porte.

6 Projet I: Crochet

6.1 Conception d'un crochet

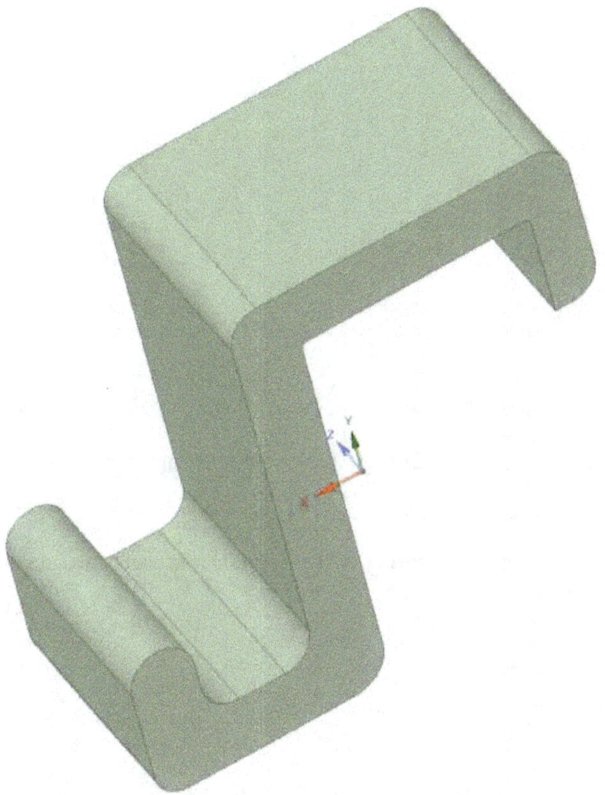

Cette patère est d'une géométrie assez simple. Nous pouvons suivre différentes approches, comme expliqué au début. Pour cet objet, il est recommandé de dessiner la section transversale du modèle sous la forme d'une esquisse 2D, puis d'utiliser à nouveau la fonction "Pull". Ainsi, en mode 2D, nous commençons par dessiner la section transversale du crochet sur un plan du système de coordonnées. Commencez la construction en sélectionnant le "2D Sketch Mode", puis sélectionnez l'axe z ou le plan x-y et tracez la première ligne comme indiqué.

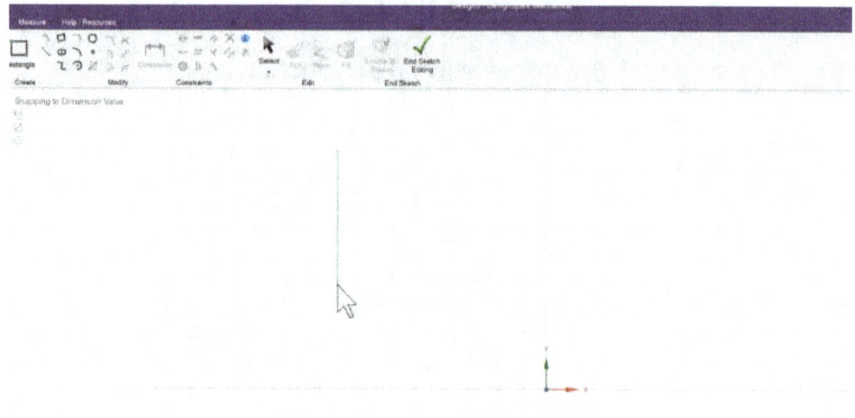

Figure 29: Commencez par une ligne verticale de 11 mm de long

Complétez le profil avec les lignes et les dimensions suivantes:

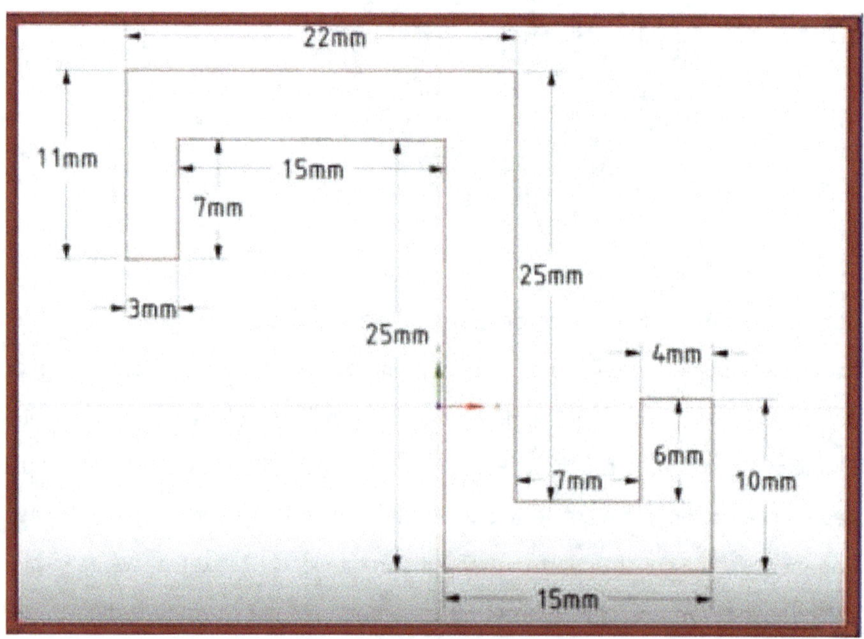

Figure 30: Complétez les lignes indiquées

Vous pouvez alors quitter l'environnement d'esquisse 2D et passer en mode 3D. Sélectionnez la fonction "Pull" et créez un corps tridimensionnel à partir de la section transversale 2D en le faisant glisser dans la direction de la flèche affichée. Saisissez une dimension de 15 mm à l'aide du clavier.

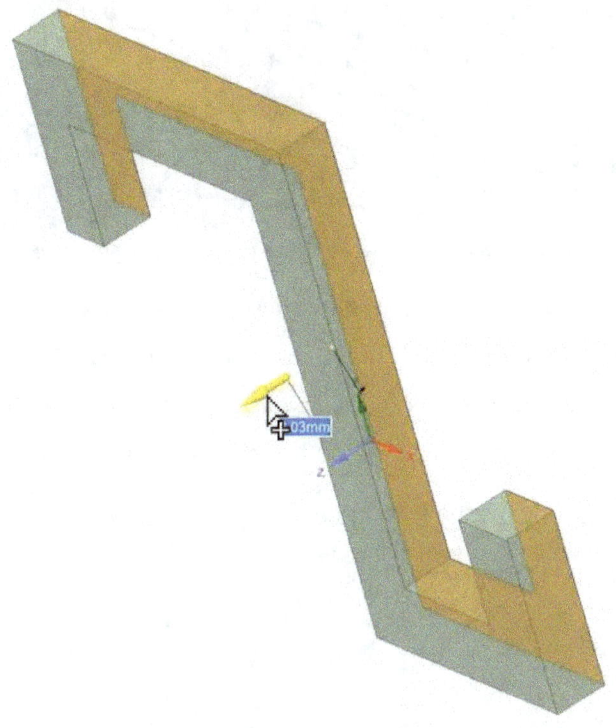

Figure 31: Création de la forme 3D du crochet en mode 3D

Jusqu'à cette étape, vous pouvez bien sûr aussi utiliser la méthode de conception soustractive. Essayons celui-ci pour nous entraîner.

Pour ce faire, nous dessinons un rectangle de dimensions 33mm et 29mm en mode esquisse 2D et créons un cuboïde d'une épaisseur de 15mm en utilisant la fonction "Pull".

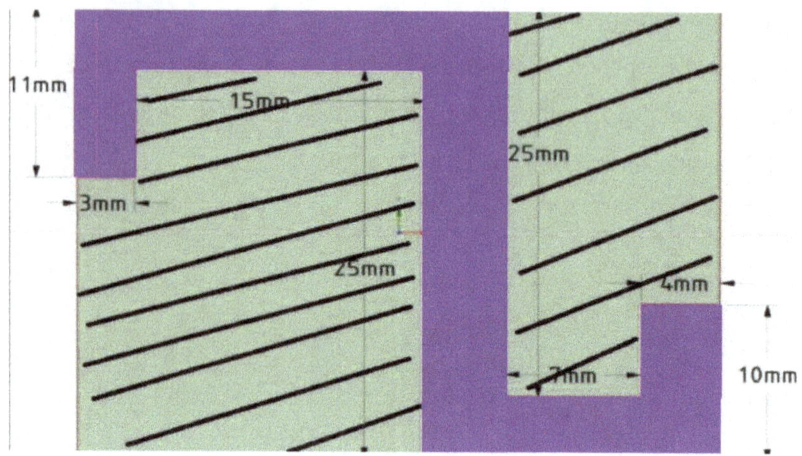

Figure 32: Les zones hachurées de la boîte (vertes) doivent être coupées.

Le programme passe automatiquement en mode 3D lorsque vous sélectionnez la fonction "Pull". Normalement, nous cliquons toujours sur Exit 2D Sketch à ce stade. Ensuite, nous dessinons les découpes à partir du matériau solide. Pour ce faire, nous créons d'abord une esquisse 2D sur la surface supérieure – ou inférieure.

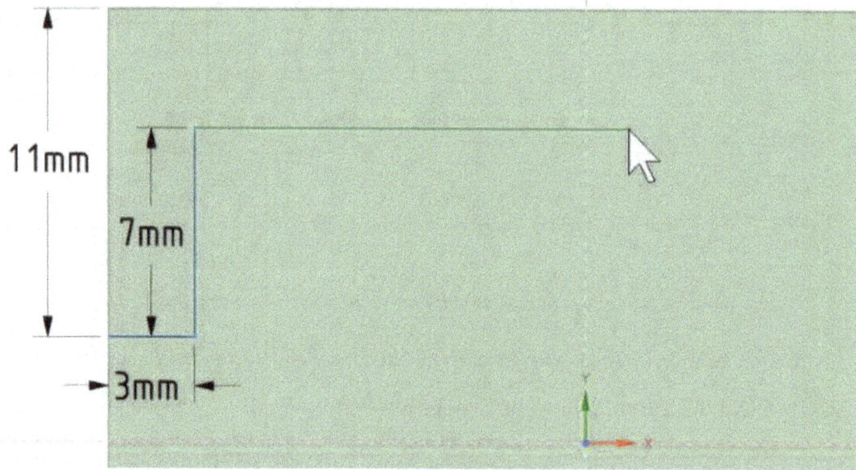

Figure 33: Dessinez les lignes représentées sur le cuboïde créé
(haut ou bas du cuboïde)

Commencez par dessiner la moitié gauche de la découpe pour la géométrie de la patère. Et ensuite la moitié droite. Assurez-vous également qu'il y a deux surfaces fermées pour les découpes, c'est-à-dire que vous reliez les lignes aux bords de la surface du cuboïde.

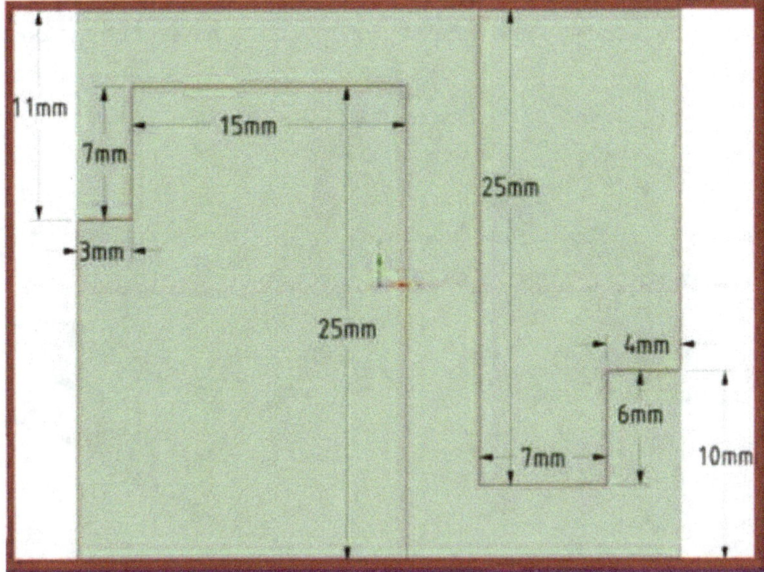

Figure 34: Dessinez les lignes rouges indiquées

Vous pouvez ensuite utiliser la fonction "Pull" pour découper les faces du solide. Deux approches pour une solution identique.

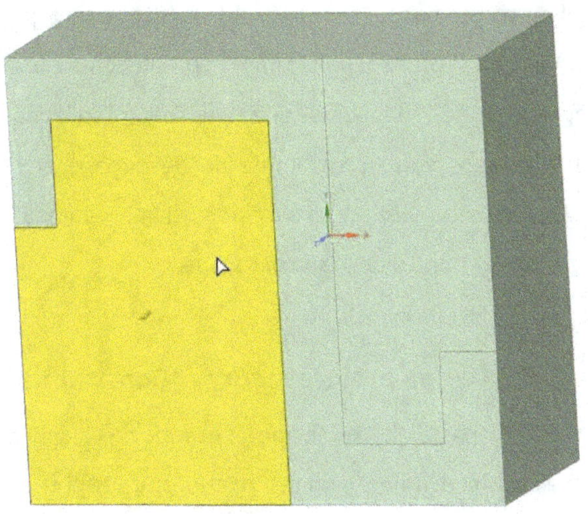

Figure 35: Coupez le matériel qui n'est pas nécessaire

En mode 3D, nous pouvons effectuer un dernier arrondi des bords. Sélectionnez tous les bords souhaités à l'aide de la touche CTRL. Avec la fonction "Pull" et la sélection de "Rounding" dans "Options - Pull", les bords peuvent être arrondis.

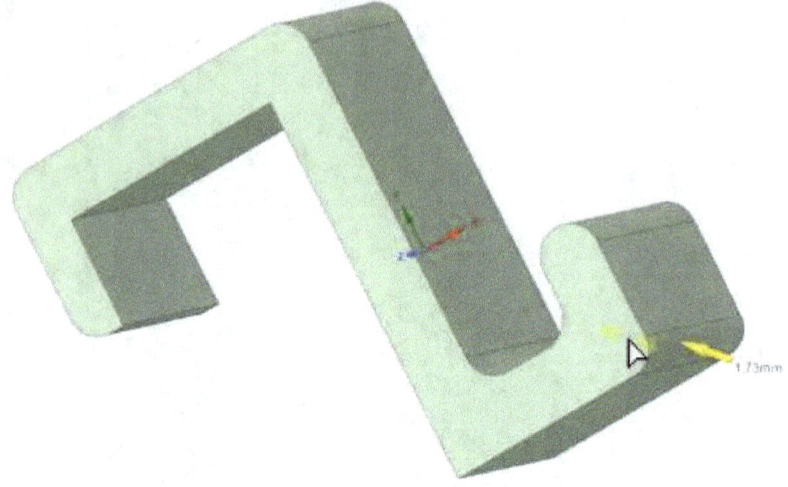

Figure 36: Arrondissement de certains bords

Par exemple, utilisez un rayon d'arrondi de R = 2 mm ou à votre propre discrétion.

Parfait ! La patère à linge est alors prêt et peut être sauvegardé. Sélectionnez le type de fichier souhaité sous "File" : "Save as". Si vous voulez continuer à travailler sur le projet, il est recommandé d'enregistrer le fichier en tant que "DS Mechanical file" dans tous les cas. Si vous souhaitez imprimer l'objet avec une imprimante 3D, vous devez également sélectionner le format de fichier "stl". Vous pouvez ensuite charger ce fichier dans votre programme de découpage et le préparer pour l'impression 3D. Si vous voulez en savoir plus sur l'impression 3D, consultez mon livre : L'impression 3D | un guide étape par étape.

6.2 Design project theory : "Constraints"

Très bien! Avant de passer au projet de conception suivant, nous allons nous familiariser avec les "constraints", ou des relations. Vous pouvez les utiliser dans l'environnement d'esquisse 2D pour créer des dépendances entre les différents éléments géométriques si vous en avez besoin.

Figure 37: "Constraints" dans l'onglet du menu "Sketch"

Nous allons maintenant examiner de plus près les "constraints" les plus importantes. Commençons par les "constraints" horizontales et verticales. Supposons que nous essayions de dessiner un rectangle à main levée et que nous obtenions un polygone dont les lignes ne représentent pas un rectangle.

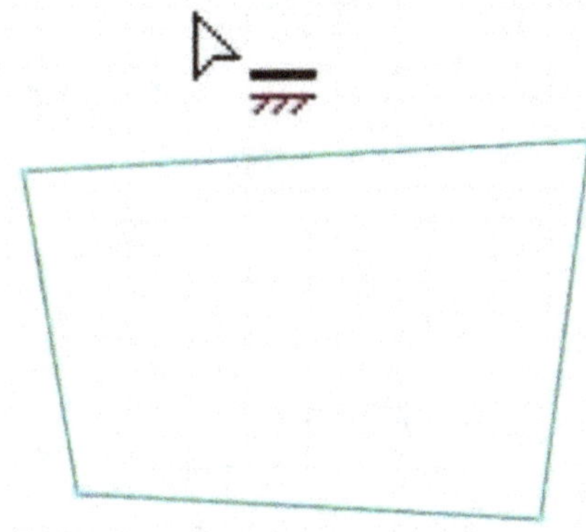

Figure 38: Transformez un polygone en un rectangle

En sélectionnant la condition "horizontal", nous pouvons obtenir deux lignes parfaitement horizontales en cliquant sur les lignes du haut et du bas.

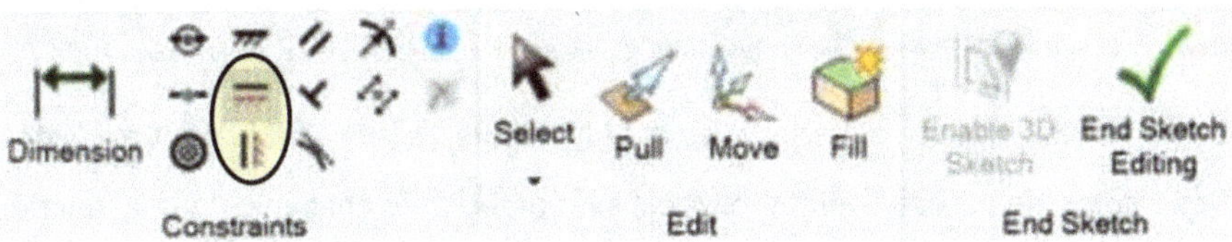

Figure 39: Sélectionnez la contrainte "Parallel" ou "Vertical"

De la même manière, nous appliquons la condition "vertical" aux lignes latérales et nous obtenons un rectangle. Bien sûr, nous aurions atteint notre objectif plus facilement si nous avions utilisé tout de suite la fonction Rectangle, mais pour illustrer ces deux "constraints" nous avons pris un chemin détourné.

La relation "concentric" permet de placer deux structures circulaires concentriquement l'une par rapport à l'autre. Dessinons un grand cercle et un autre légèrement plus petit. On veut obtenir deux cercles concentriques, c'est-à-dire deux cercles dont les axes sont congruents. Nous y parvenons en sélectionnant la condition correspondante et les deux cercles.

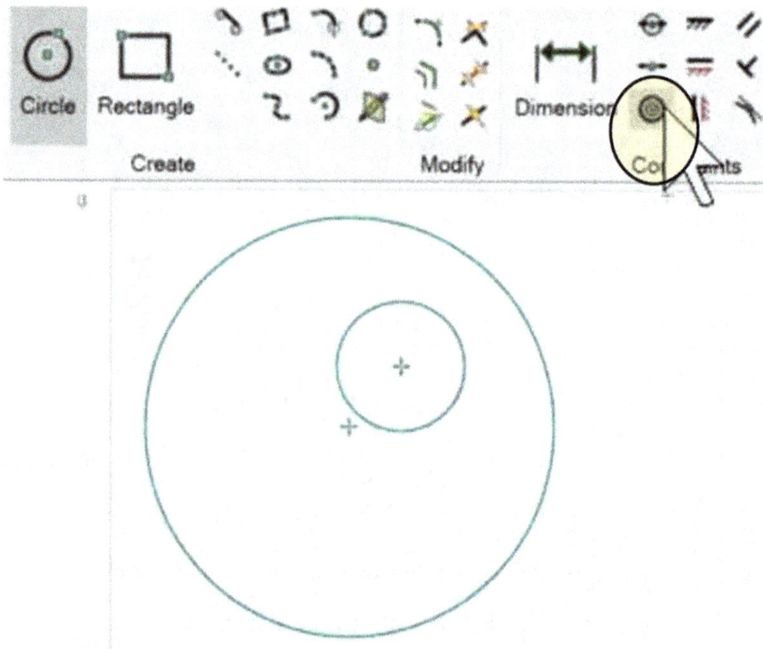

Figure 40: Sélectionnez la contrainte "Concentric" et cliquez sur les deux cercles

Les deux "constraints" : "Perpendicular" et "Parallel" sont relativement explicites. Néanmoins, regardons un petit exemple avec deux lignes chacune. Pour la fonction "Perpendicular", nous traçons les deux lignes suivantes. En sélectionnant la condition et en sélectionnant les lignes, nous obtenons comme résultat deux lignes qui sont perpendiculaires l'une à l'autre.

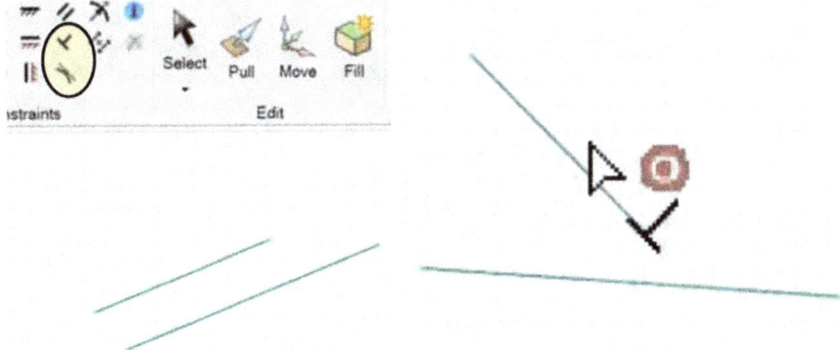

Figure 41: Contraintes perpendiculaires et parallèles

Pour "Parallel", nous dessinons deux lignes supplémentaires et obtenons deux lignes parfaitement parallèles en sélectionnant la contrainte.

Les "Contraints" : "Coïncident", c'est-à-dire congruent et "Midpoint", c'est-à-dire milieu, que nous utilisons chaque fois que nous voulons relier deux points ou relier un point d'un élément avec le milieu d'un autre élément. Dessinons un rectangle et deux lignes à titre d'illustration.

Nous voulons connecter la première ligne avec un point d'angle du rectangle et la deuxième ligne avec le centre d'une des lignes du rectangle.

À propos : vous pouvez également appliquer plusieurs "constraints". Par exemple, nous pourrions également appliquer la contrainte horizontalement à cette ligne.

Examinons également la condition "Tangent". Comme son nom et la petite image l'indiquent déjà, nous pouvons l'utiliser pour définir une ligne tangentielle à un cercle, par exemple. Essayons-le. Dessinez d'abord le cercle, puis une ligne et appliquez ensuite la condition.

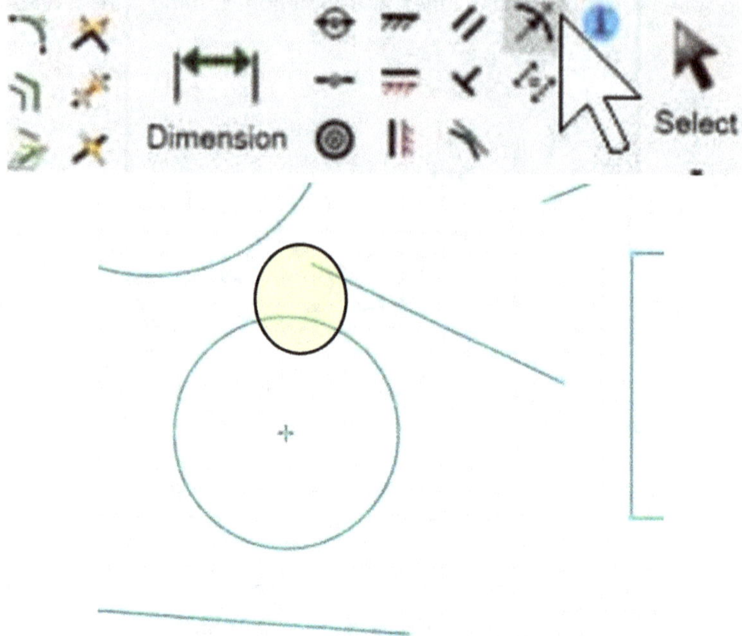

Figure 42: Application de la contrainte : "Tangent"

Essayez vous-même les 3 contraintes restantes : "Fixed", "Equal radius" et "Equal distance". Vous ne pouvez pas vous tromper et le nom est relativement explicite. La contrainte "Fixed" fixe simplement un élément en place dans le plan du dessin et les deux autres fournissent un rayon égal ou une distance égale entre les éléments!

C'est tout pour cette petite insertion théorique à la fin de ce chapitre. Dans le chapitre suivant, nous allons recommencer avec un projet de conception : vous allez apprendre à construire un mousqueton simple. Continuez, ça en vaut la peine ! Les projets deviennent un peu plus difficiles et passionnants à chaque chapitre!

7 Projet II: Mousqueton

7.1 Conception d'un mousqueton

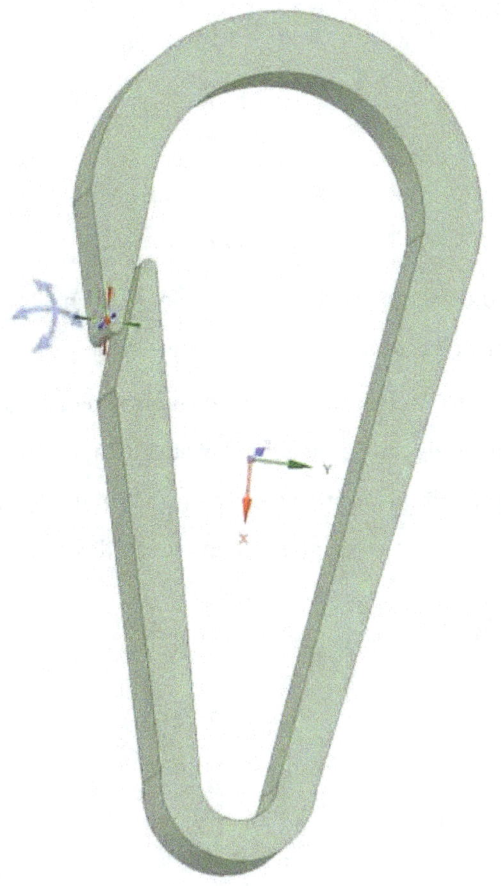

Pour le mousqueton, nous commençons comme d'habitude dans un nouveau projet avec le mode d'esquisse 2D et la sélection d'un plan. Voyons d'abord comment le mousqueton est construit et comment nous pourrions le construire au mieux. Si nous regardons le mousqueton d'un peu plus près, nous remarquons que vous pouvez placer une forme de cercle dans la zone gauche et droite et que les jambes du mousqueton sont des connexions tangentielles entre ces cercles. Construisons le mousqueton de cette manière.

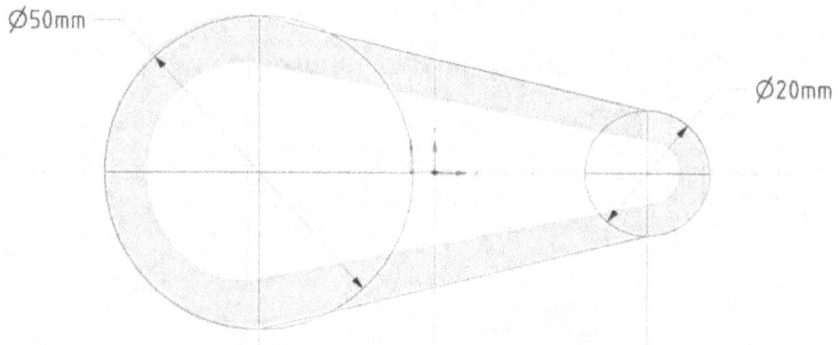

Figure 43: Géométrie du mousqueton

Commencez par dessiner un cercle. Par exemple, avec un diamètre de 50 mm sur un plan du système de coordonnées, par exemple le plan x-y.

Créez ensuite un autre cercle de 20 mm de diamètre un peu plus loin sur la droite. Ensuite, nous traçons des guides horizontaux et verticaux à travers les centres des deux cercles pour faciliter la fixation des dimensions et des lignes tangentes. Dans l'étape suivante, nous relions les intersections des guides verticaux avec les cercles par deux lignes.

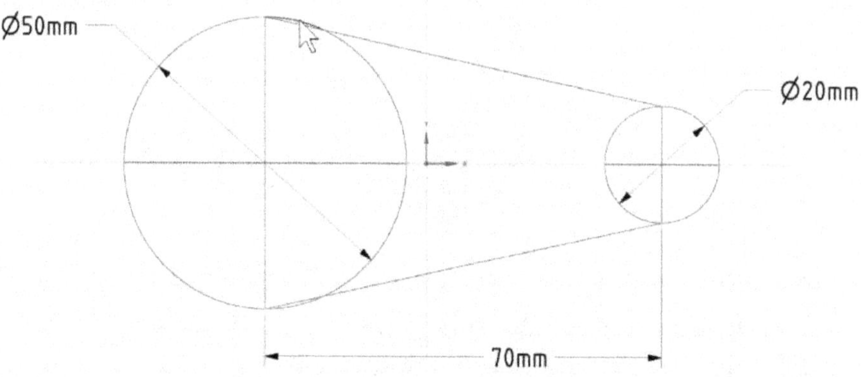

Figure 44: Création de l'esquisse 2D pour le mousqueton

Pour obtenir une forme autonome, nous n'avons besoin que du contour extérieur, nous utilisons donc l'outil "Trim away".

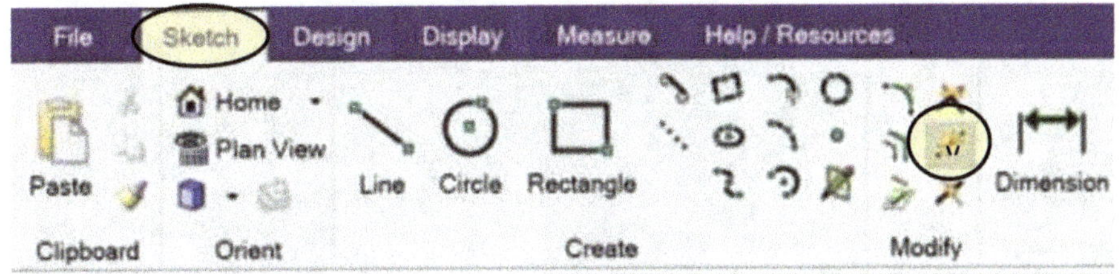

Figure 45: Outil "Trim away" de la section "Modify" dans "Sketch"

Utilisez cet outil pour supprimer tous les segments de ligne superflus comme suit:

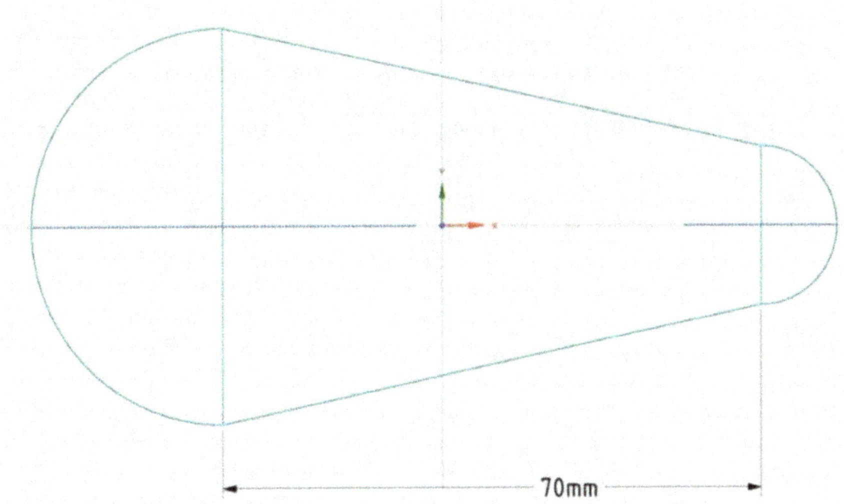

Figure 46: Toutes les lignes superflues sont maintenant supprimées

Maintenant, nous pouvons déjà extruder la surface. Mais il faudrait encore faire une découpe pour obtenir le mousqueton final. Comme nous sommes déjà un peu plus avancés, nous pouvons utiliser une solution plus rapide et dessiner la section transversale du mousqueton en une seule étape.

Pour ce faire, ajoutez deux cercles supplémentaires de 35 et 10 mm de diamètre à l'intérieur du mousqueton et, comme dans les étapes précédentes, tracez deux lignes à partir des points d'intersection des cercles avec les lignes auxiliaires.

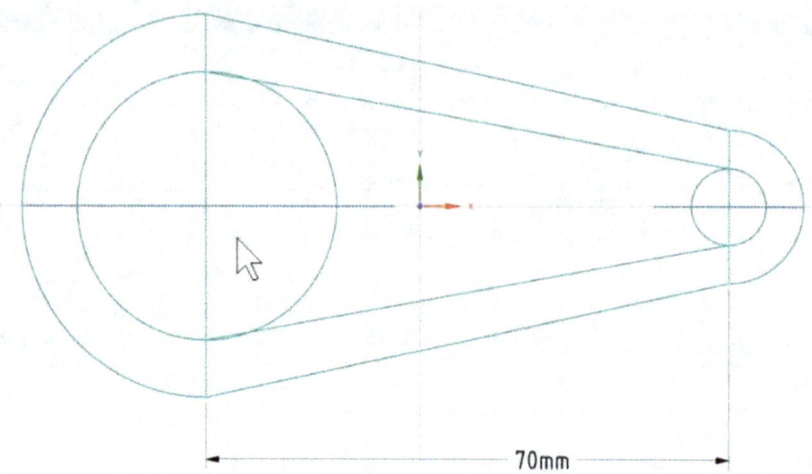

Figure 47: Compléter la géométrie avec deux cercles et des lignes tangentielles

Puis supprimez toutes les sections de ligne superflues en utilisant à nouveau la fonction "Trim away".

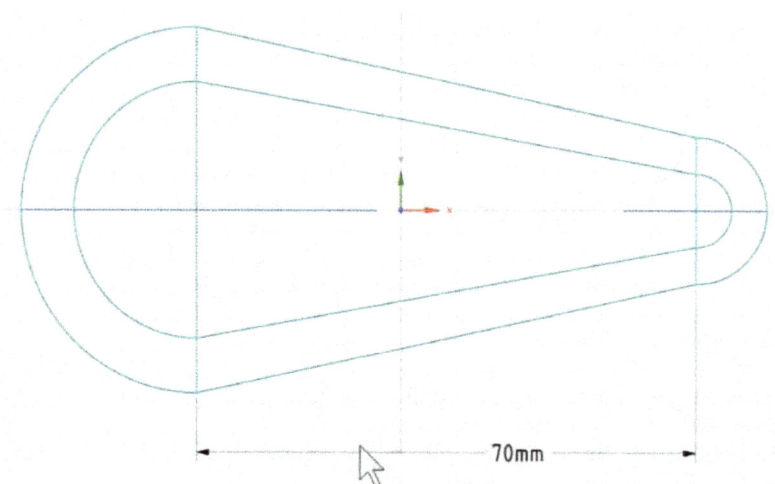

Figure 48: Tous les segments de ligne superflus sont supprimés

Comme vous pouvez le constater, nous avons économisé une étape de traitement et pouvons maintenant extruder la forme de base du mousqueton.

Pour ce faire, nous passons - comme nous le savons déjà - en mode 3D et utilisons à nouveau la fonction "Pull". Sélectionnez la surface extérieure du mousqueton et saisissez une valeur de 10 mm.

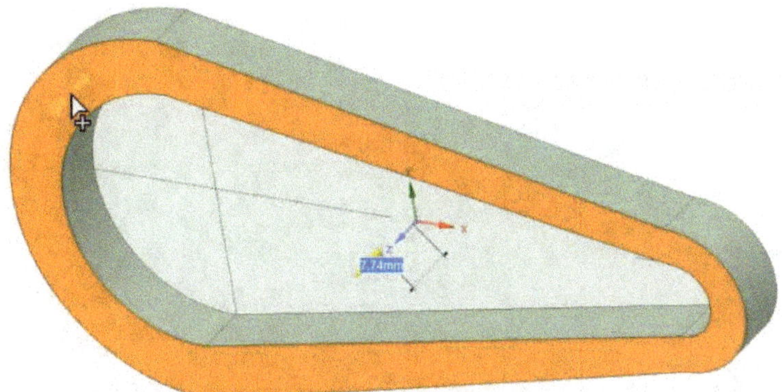

Figure 49: Création de la géométrie tridimensionnelle

Vous pouvez supprimer la surface au milieu du mousqueton en faisant un clic droit dessus et en sélectionnant "Delete".

Pour créer maintenant une section pour l'ouverture du mousqueton, nous passons à nouveau à l'environnement d'esquisse 2D et dessinons une ligne à 20° de l'intersection de la ligne auxiliaire avec le mousqueton à la ligne extérieure du mousqueton. La dimension est automatiquement calculée en spécifiant l'angle et les points d'arrivée.

Tracez ensuite une deuxième ligne parallèle à une distance de 2 mm. Bien sûr, nous aurions déjà pu intégrer cette étape dans le premier croquis.

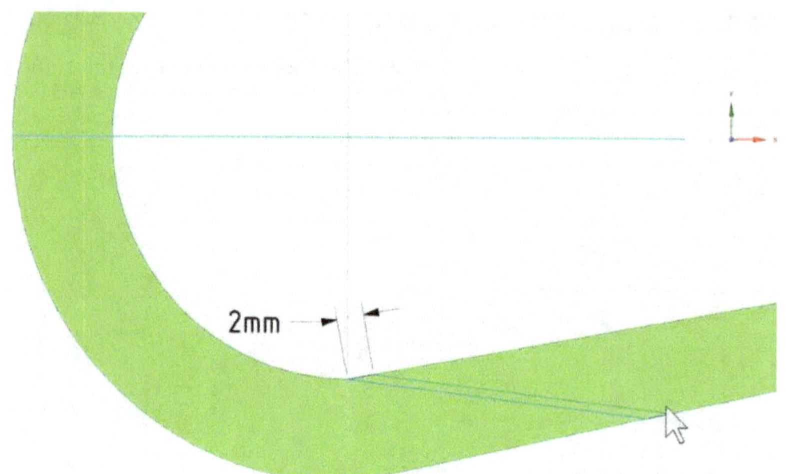

Figure 50: Création de deux lignes parallèles pour la découpe

En mode 3D, nous pouvons ensuite sélectionner la zone et la faire glisser vers le mousqueton, de sorte que cette zone soit découpée et qu'un espace soit créé pour l'ouverture du mousqueton.

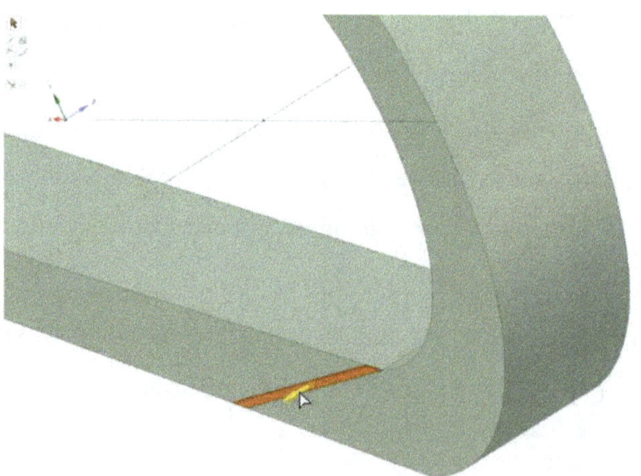

Figure 51: Création de la section pour l'ouverture du mousqueton en mode 3D

Enfin, nous arrondissons quelques bords. Vous pouvez choisir librement les rayons d'arrondi en fonction de vos préférences.

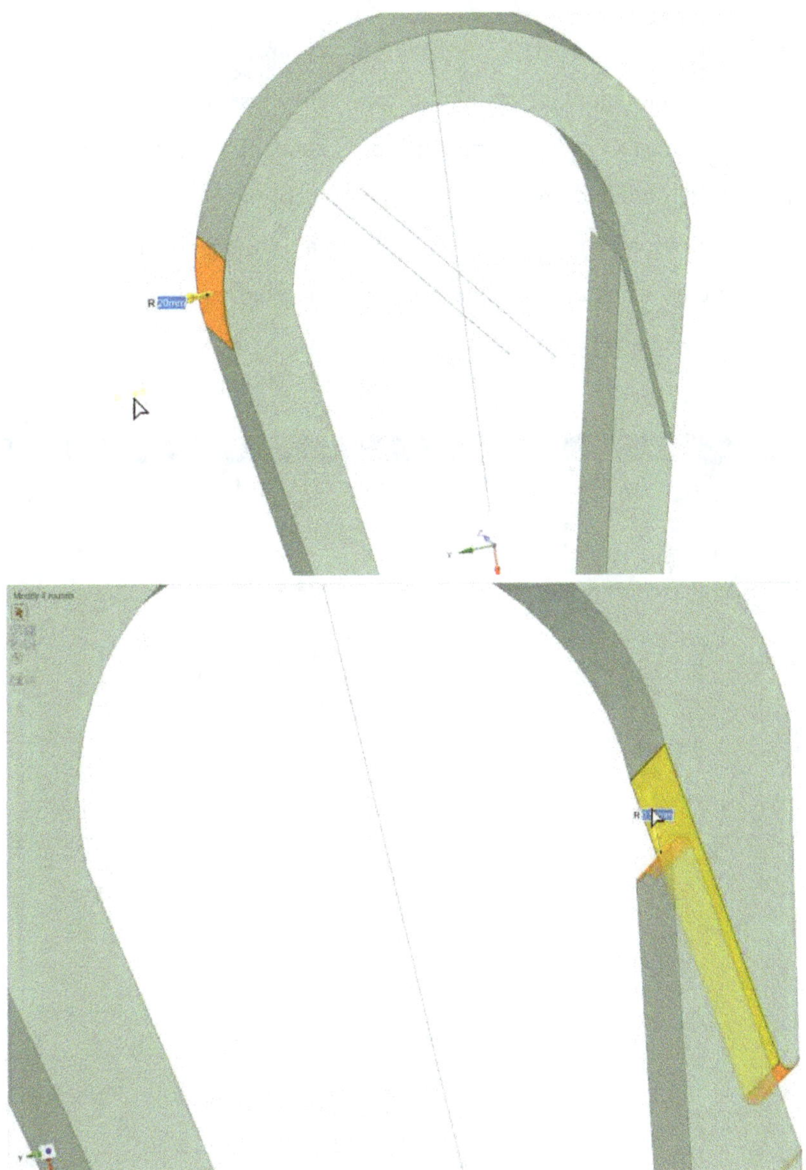

Figure 52: Arrondir certains bords du mousqueton

7.2 Théorie du projet de conception : "Modify"

Impeccable ! Avant de passer au projet suivant, faisons un autre petit point théorique. Pour l'esquisse 2D du mousqueton, nous avons appris à connaître la fonction "Trim away" de la section "Modify" de ce chapitre. Il y a quelques autres fonctionnalités utiles dans cette section que j'aimerais présenter brièvement maintenant. Pour cela, j'ai déjà préparé quelques éléments géométriques. Avec la fonction "Create Rounded Corner", vous pouvez facilement et rapidement créer un coin arrondi à partir d'un coin. Sélectionnez la ligne supérieure, saisissez le rayon souhaité et sélectionnez la deuxième ligne. Le programme crée maintenant le coin arrondi souhaité pour vous.

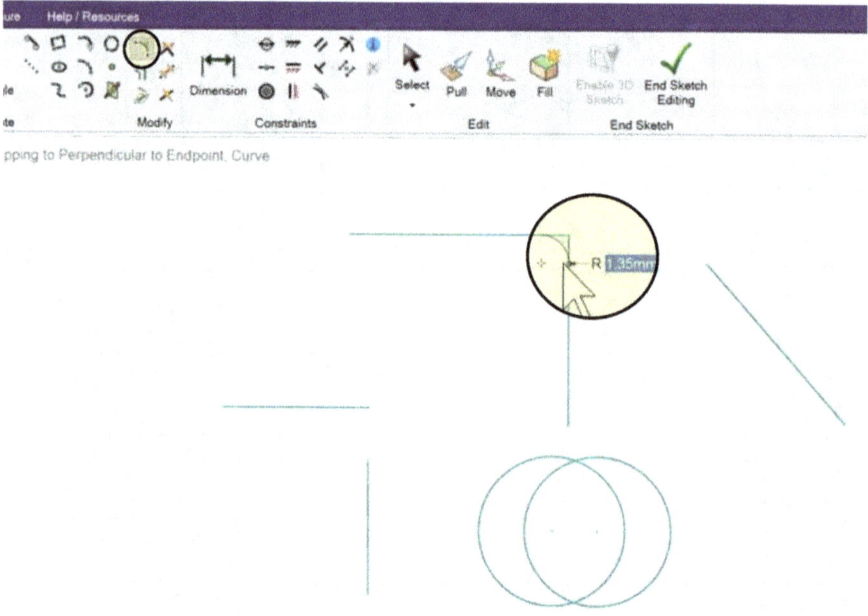

Figure 53: Créer une fonction de coin arrondi à partir de Modifier

La fonction "Create corner" permet de créer un coin à partir de deux éléments de ligne indépendants. En sélectionnant simplement les deux lignes. Les lignes sont prolongées ou raccourcies de manière à créer un coin.

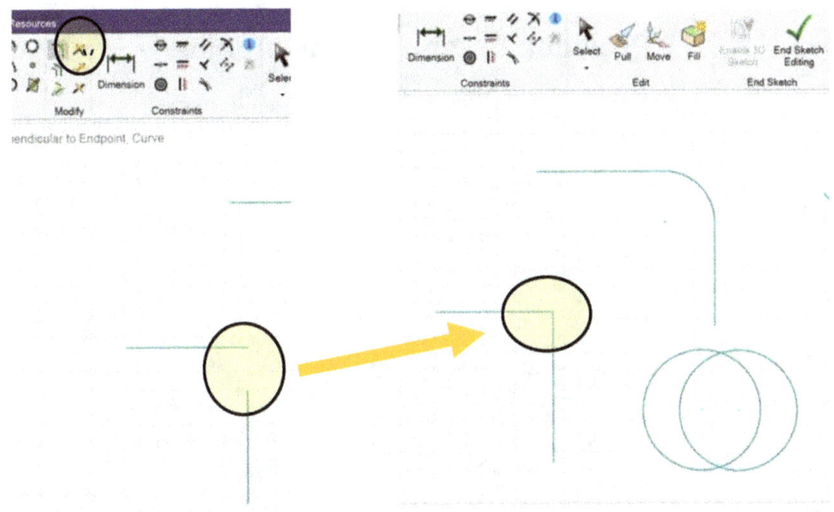

Nous avons déjà eu la fonction "Trim away". Vous pouvez ainsi supprimer les segments de ligne superflus.

Enfin, examinons la fonction "Split Curve".

Nous pouvons l'utiliser lorsque nous voulons diviser un élément, tel qu'une ligne, en un point spécifique. Sélectionnez la ligne et spécifiez un point. Vous verrez que la ligne est alors divisée en deux lignes à cet endroit. Si nous supprimons la relation existante (clic droit sur la ligne, puis sélection du X rouge), nous pouvons déplacer l'élément pour l'illustrer et mieux voir le point de séparation.

8 Projet III: Composant de montage

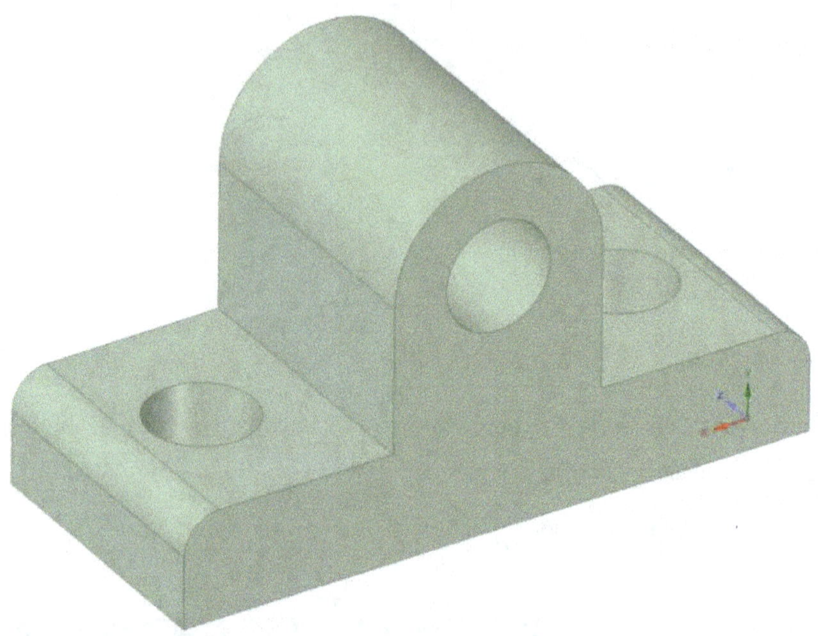

L'objet de conception suivant est un composant de montage simple et fictif. Il peut être fixé à l'aide de deux vis et est utilisé, par exemple, pour maintenir un axe.

Nous recommençons par le dessin de la section transversale du composant dans l'environnement d'esquisse 2D. N'hésitez pas à interrompre le cours à ce stade et à essayer de créer l'esquisse 2D de manière totalement autonome.

Un conseil : dessinez la face avant de l'objet. Vous pouvez choisir les dimensions librement. Et l'extruder ensuite avec "Pull".

Vous pouvez aussi continuer avec le livre et simplement l'essayer par la suite.

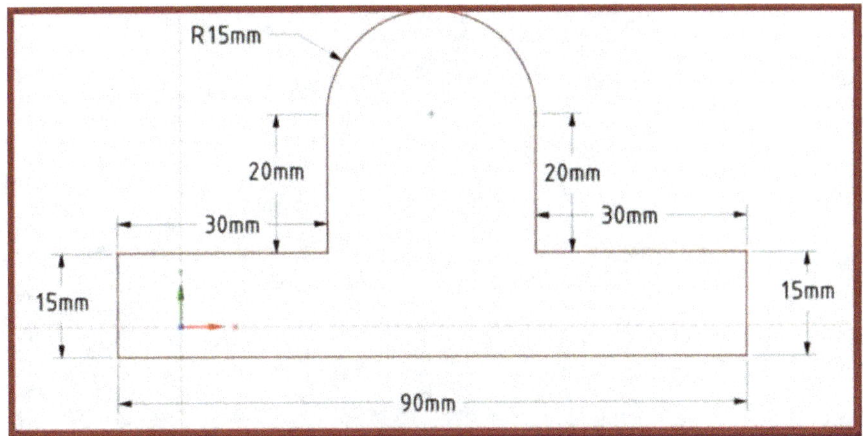

Figure 54: Dimensions et géométrie de l'élément de montage

Tracez d'abord une ligne de base de 90 mm, par exemple, puis dessinez les "épaules" de l'objet en leur donnant 15 mm de hauteur et 30 mm de largeur.

Figure 55: Premières étapes / lignes pour la géométrie 2D de la pièce

Ensuite, nous avons besoin d'une extension de 20mm de hauteur et enfin nous utilisons la fonction "Tangential arc" pour créer un demi-cercle. Après avoir sélectionné la fonction, cliquez sur les deux extrémités supérieures du profil dessiné et vous verrez comment l'arc est étiré. Ensuite, vous pouvez déterminer le rayon de l'arc avec, par exemple, R = 15 mm.

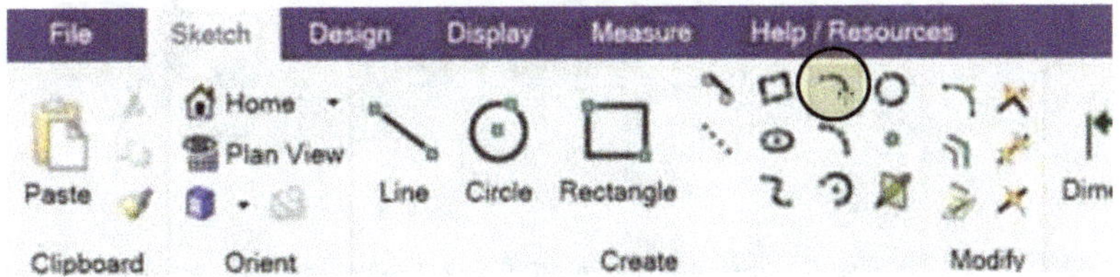

Figure 56: Function "Tangential Arc" to complete the sketch

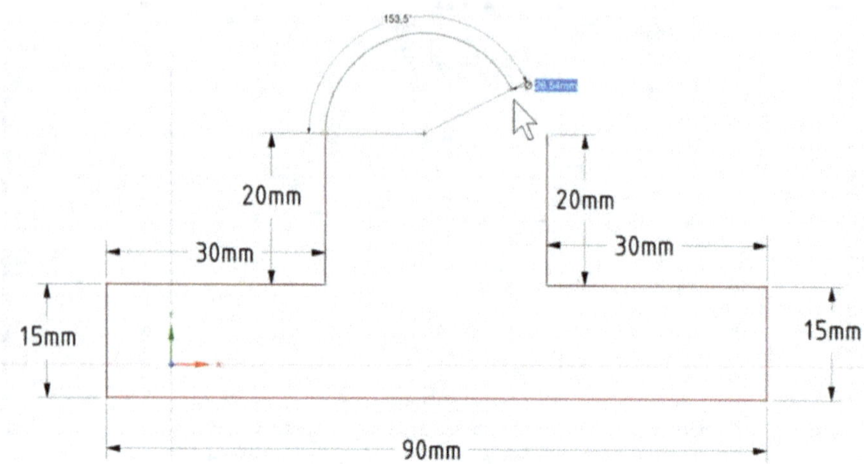

Figure 57: Compléter l'esquisse de l'élément de montage

Ensuite, comme d'habitude, utilisez "Pull" pour obtenir un objet 3D. Vous pouvez utiliser 40 mm par exemple.

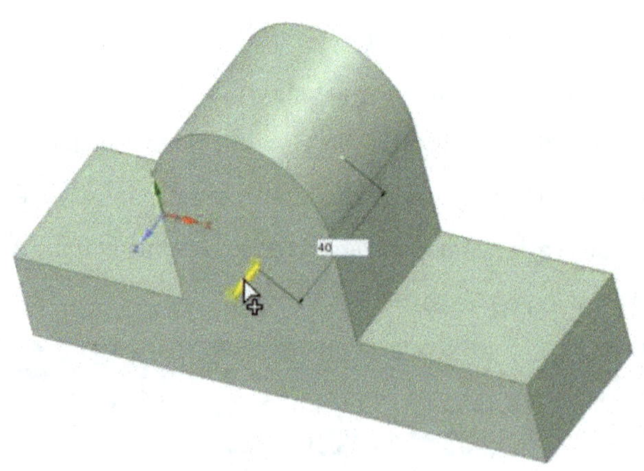

Figure 58: Transformer la surface 2D en une pièce 3D

Dans l'étape suivante, nous créons le trou dans la partie supérieure du composant. Pour ce faire, vous devez repasser en mode d'esquisse 2D et sélectionner une vue appropriée. Par exemple, la surface avant de l'objet.

Tracez un cercle de 15 mm de diamètre sur le point de départ du demi-cercle supérieur. Vous pouvez aussi simplement dessiner le cercle et le rendre concentrique au demi-cercle avec une condition ("concentric").

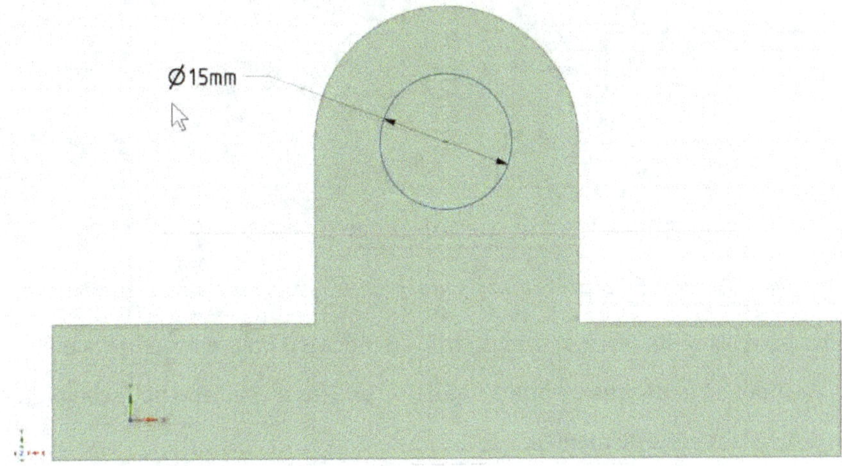

Figure 59: Création de la géométrie du cercle pour le trou sur la face avant

Vous remarquerez peut-être maintenant que, comme pour l'objet précédent, vous pourriez aussi intégrer cette étape dans la première esquisse 2D!

Lorsque l'esquisse est prête, le trou peut être percé dans l'environnement 3D par "Pull".

Pour les deux trous de fixation des "épaules", passez à nouveau dans l'environnement d'esquisse 2D et sélectionnez une vue permettant de regarder le composant d'en haut, c'est-à-dire de préférence la vue de dessus. Tracez ensuite deux lignes de guidage sur chacune des deux "surfaces d'épaulement" du composant, entre les points médians des bords des "surfaces d'épaulement".

Grâce à ces derniers, nous pouvons positionner deux cercles d'un diamètre de 15 mm chacun parfaitement au milieu sans autre dimensionnement. Vous pouvez

51

également enregistrer les lignes de guidage et simplement mesurer à partir du centre du cercle jusqu'aux lignes latérales des "surfaces d'épaulement".

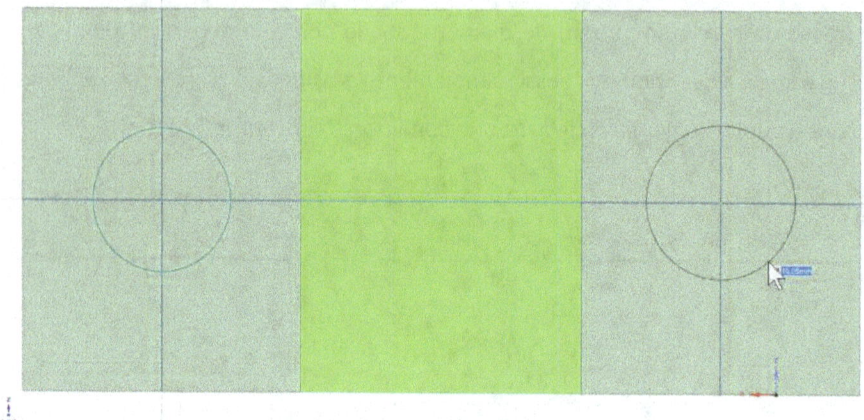

Figure 60: Géométrie circulaire et lignes auxiliaires pour les trous sur les surfaces latérales

Ensuite, nous saisissons les faces du trou en mode 3D pour enlever de la matière. Enfin, nous arrondissons les bords des deux surfaces d'épaulement et complétons le composant de cette manière.

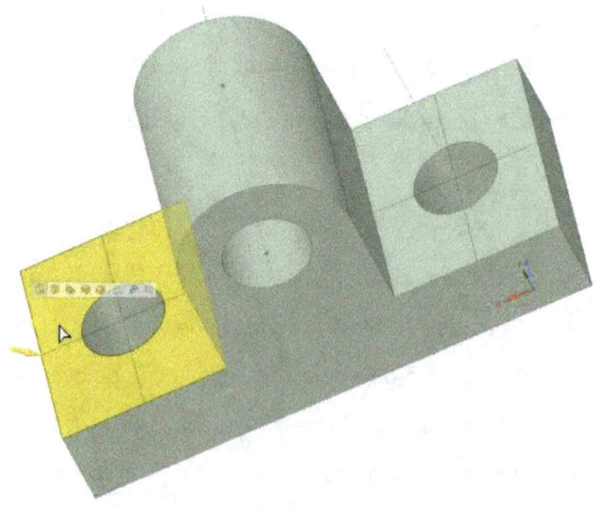

Figure 61: La pièce est presque terminée. Il manque l'arrondi des bords

9 Projet IV: Support pour smartphone

Dans ce chapitre, nous voulons créer un support pour un smartphone. Vous devrez peut-être adapter les dimensions à votre propre smartphone.

Pour le support du smartphone, commençons par une ligne de 50 mm de long et alignée horizontalement sur le plan y-z. Pour ce faire, nous devons d'abord sélectionner la bonne vue, puis sélectionner le bouton "Select New Sketch Plane" en bas.

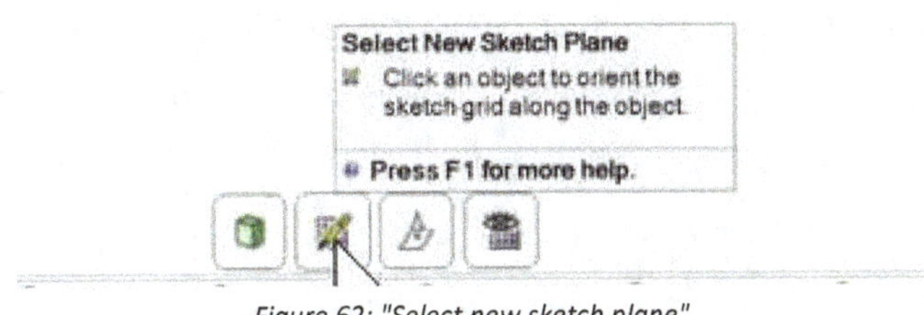

Figure 62: "Select new sketch plane"

Puis nous cliquons sur la vue indiquée. Mais pourquoi dessinons-nous sur ce plan maintenant ? Nous utilisons ce plan y-z pour qu'à la fin les vues "Isométrique", "Haut", "Bas", "Gauche", "Droite", etc., soient affichées correctement, car dans ce cas nous dessinons la section transversale ou la surface latérale du support de smartphone. Imaginez-la dans l'espace et vous comprendrez. Il suffit de regarder la partie de côté. Nous allons dessiner la surface latérale, représentée ici en hachuré, afin de pouvoir extruder l'élément 3D.

Figure 63: Vue en coupe du stand ; nous devons dessiner cette surface

Si vous ne comprenez pas tout de suite, vous pouvez dessiner n'importe quel autre plan et cliquer sur les vues pour comprendre. Commençons par une ligne (1) de 50 mm de long et horizontale sur le plan y-z.

Nous ajoutons ensuite au croquis un par un, avec une ligne de 20 mm à 45 degrés (2) et une ligne de 23 mm à 35 degrés (3). Elle est suivie d'une ligne horizontale de 3 mm (4) et d'une autre ligne de 16 mm (5), parallèle à la deuxième ligne tracée pour la base. Continuez avec une ligne horizontale de 10 mm (6). Vous pouvez facilement passer du champ de saisie de la dimension au champ de saisie de l'angle en utilisant la touche de tabulation.

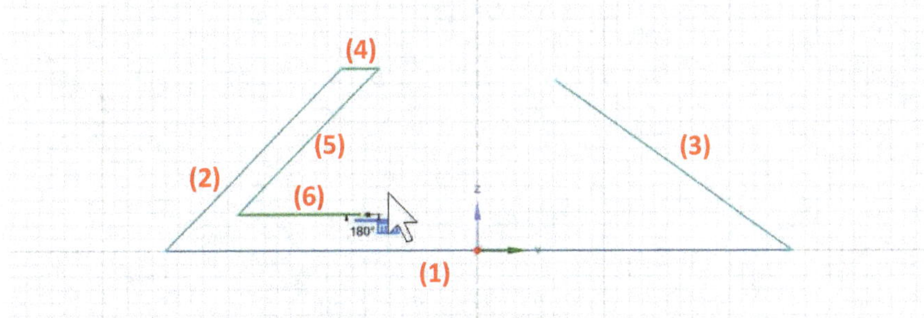

Figure 64: Les premières lignes de la géométrie 2D

Il nous reste maintenant à créer la surface de support pour le smartphone. Pour ce faire, nous traçons une ligne de 85 mm à 135 degrés (7), une ligne horizontale de 5 mm (8) en haut, et une autre ligne de connexion pour compléter le profil (9).

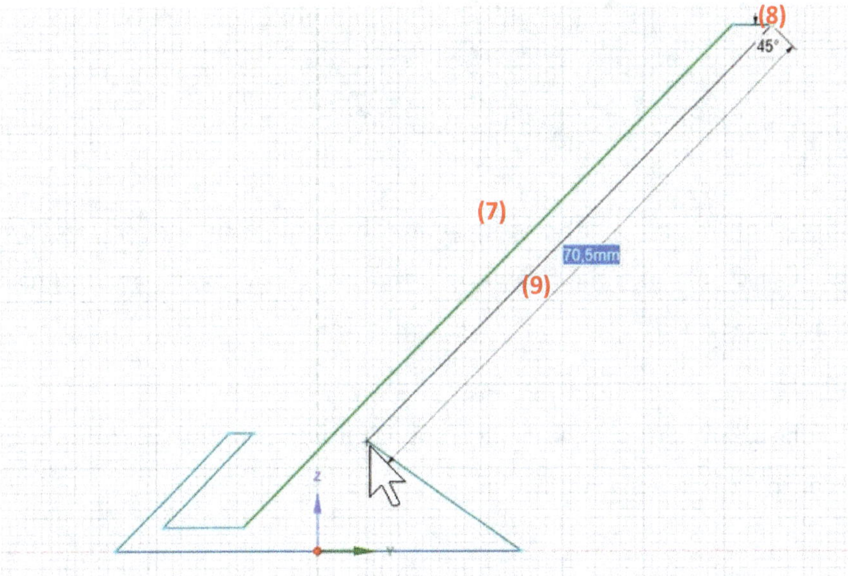

Figure 65: Compléter le profil

Maintenant que notre profil de section transversale est prêt, nous pouvons passer en mode 3D et créer le modèle tridimensionnel à l'aide de la fonction familière "Pull". Utilisez 50 mm comme dimension.

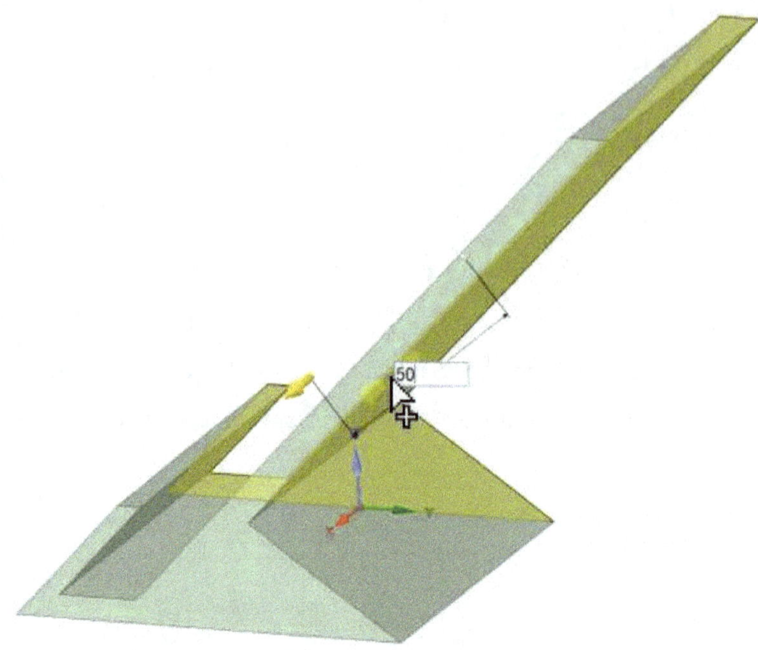

Enfin, nous arrondissons à nouveau certains bords comme suit : La zone inférieure avant avec 2 mm et la zone inférieure arrière avec 1 mm. Avant, arrière et haut, chacun avec 2mm.

Très bien. Bien sûr, vous pouvez aussi arrondir d'autres bords si vous le souhaitez ! Continuez avec le chapitre suivant.

10 Projet V: Bol

Dans ce prochain projet, nous allons nous intéresser à un objet qui, à première vue, semble un peu plus complexe à construire : un bol. Par exemple, nous pourrions commencer la construction avec deux cercles sur deux plans différents, puis les relier. Nous pourrions également construire la pièce comme elle serait usinée (par tournage).

Mais nous en reparlerons plus tard. Pour le fond de la coquille, nous allons d'abord utiliser une géométrie circulaire simple. Commencez en mode d'esquisse 2D et dessinez un cercle d'un diamètre de 70 mm.

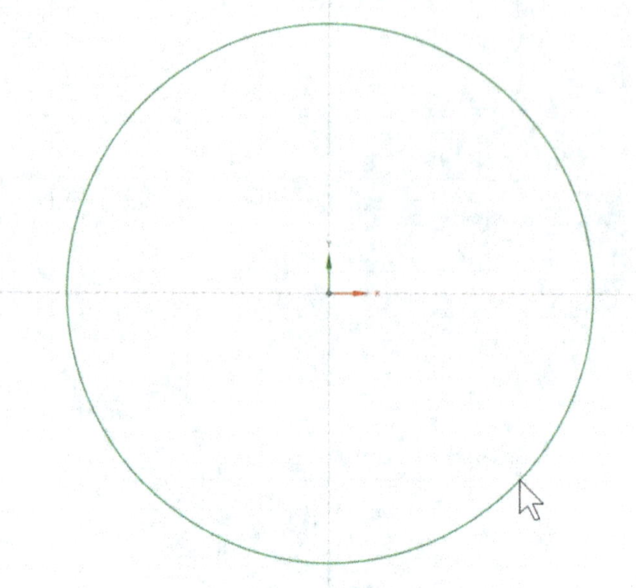

Figure 66: Dessinez un cercle de 70 mm dans le plan x-y

Pour l'extrémité supérieure du bol, nous créons maintenant - en mode 3D - un plan en sélectionnant la fonction "Plane" - que vous trouverez dans la section du menu "Design" - et en cliquant sur la zone circulaire précédemment créée.

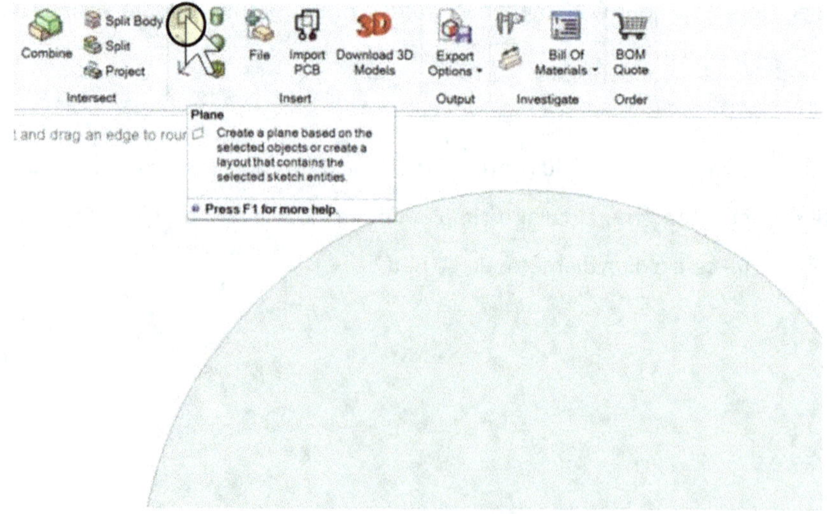

Figure 67: Créer une nouvelle couche

Maintenant, nous sélectionnons le plan créé et le déplaçons avec la fonction "Move" dans la direction de l'axe z (flèche de coordonnées bleues). Entrez une dimension de 80 mm.

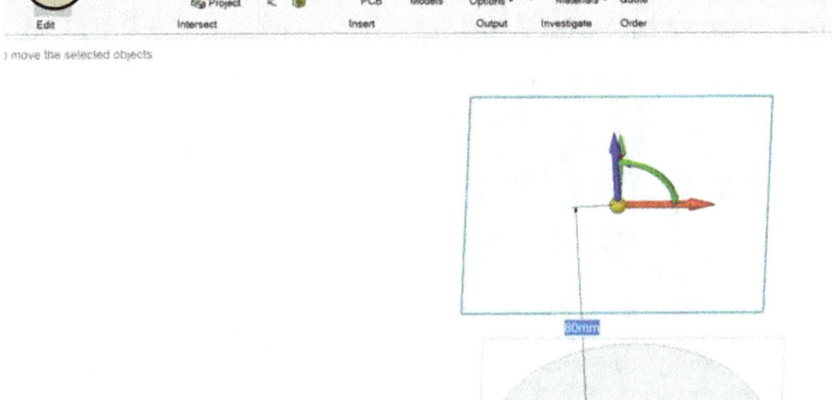

Figure 68: Déplacer le calque créé (bleu clair) avec "Move"

Commencez ensuite une esquisse 2D sur le plan nouvellement créé et passez à la "Top view". Sélectionnez d'abord le plan, puis tracez un cercle de 150 mm de diamètre au centre du système de coordonnées.

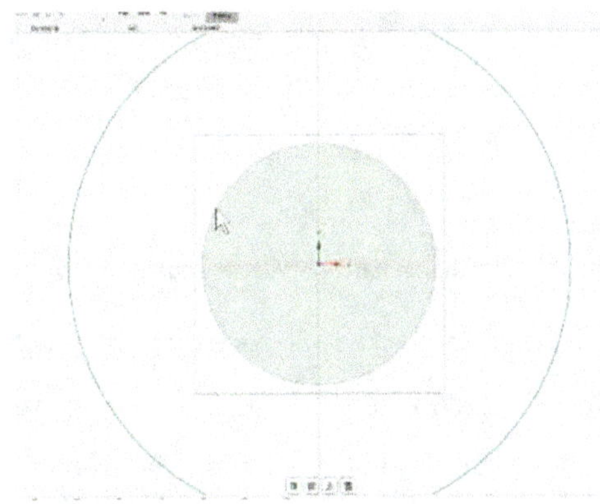

Figure 69: Créez un cercle de 150 mm de diamètre sur le nouveau plan

Assurez-vous que vous êtes en mode d'esquisse 2D pour cette étape et que vous avez sélectionné le plan.

Ensuite, nous repassons en mode 3D et cliquons sur les deux zones circulaires - en maintenant la touche CTRL enfoncée - et sélectionnons la fonction "Blend" ou "Fill and Connect Area" dans le menu "Design" et la section "Edit".

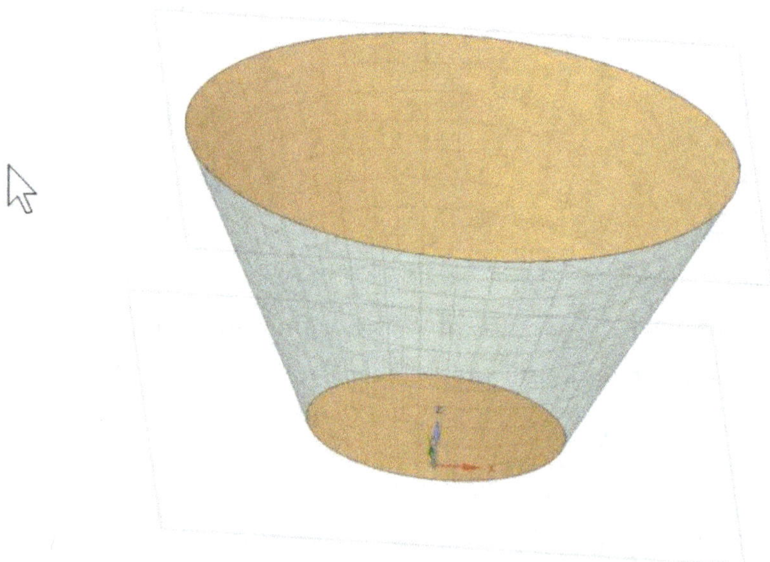

Figure 70: Appliquez la fonction "Blend" pour obtenir un cône

Avec cette fonction, le programme crée une zone de remplissage en forme de cône entre les deux surfaces sélectionnées. Pratique, n'est-ce pas ? À propos : en cliquant avec le bouton droit de la souris sur le calque sélectionné et en sélectionnant "Hide", vous pouvez - si vous le souhaitez - masquer le calque créé.

Avec cette fonctionnalité, nous avons obtenu un cône massif. Pour la coquille, cependant, nous avons encore besoin d'un creux. Dans l'avant-dernière étape, ils sélectionnent donc la fonction "Shell" et cliquent sur la surface supérieure de l'objet créé. Choisissez une épaisseur de paroi de 5 mm, par exemple. Presque terminé!

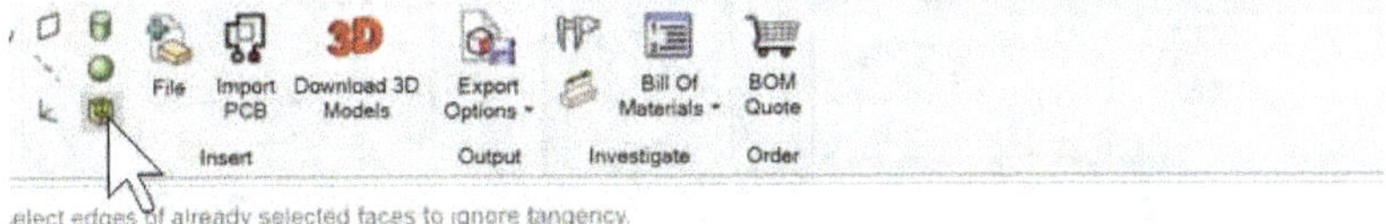

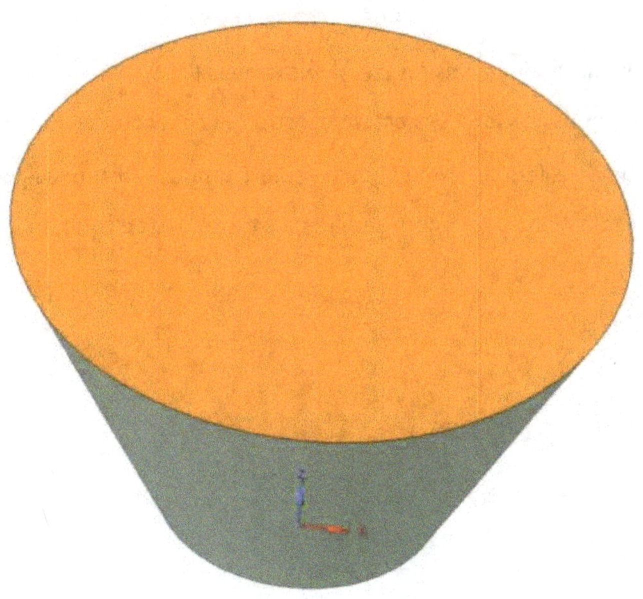

Figure 71: Appliquer la fonction "Shell" pour obtenir un cône creux

Enfin, nous pouvons arrondir quelques bords pour donner au bol un design plus agréable. Par exemple, comme suit : Utilisons un rayon de 2,5 mm pour les deux bords supérieurs et un rayon de 10 mm pour le bord du fond.

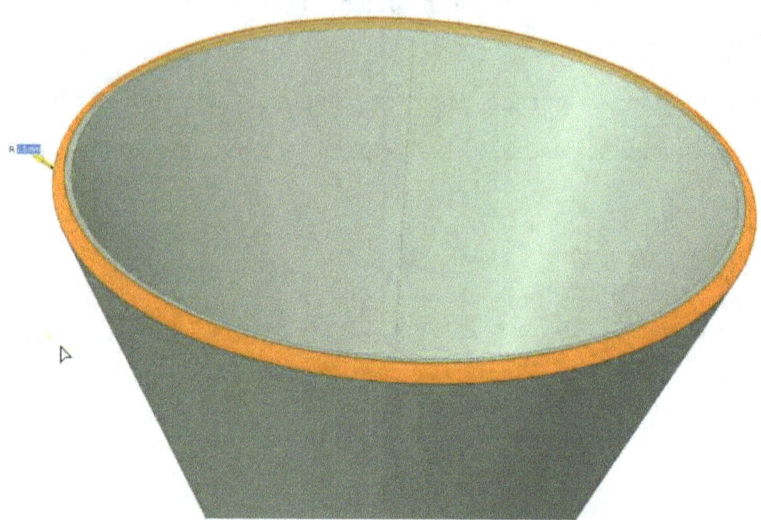

Figure 72: Appliquer des arrondis de bord au cône évidé

Essayons la méthode la plus simple. Comme nous l'avons mentionné au début de ce chapitre, nous pouvons également construire le bol comme une pièce tournée.

C'est ce que nous ferions : Nous commençons par nous tracer une ligne de guidage verticale sur le plan x-z, qui nous servira plus tard d'axe de rotation.

Figure 73: Ligne auxiliaire verticale pour la rotation ; la longueur peut être choisie

Imaginons maintenant que l'on coupe le bol par le haut. On obtient alors deux moitiés du bol.

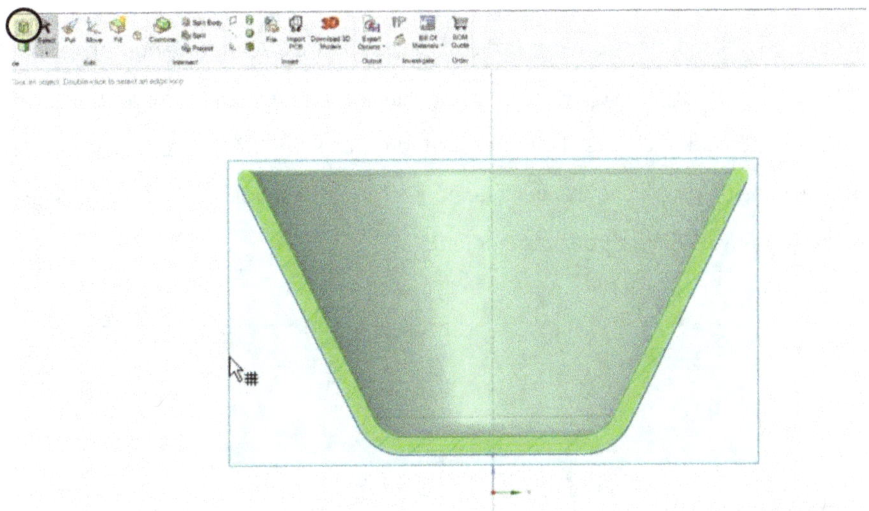

Figure 74: Vue en coupe de la cuvette

Note: Pour obtenir la vue en coupe d'un composant, vous devez d'abord créer un plan en sélectionnant l'icône "Plane" et en sélectionnant l'axe z. Sélectionnez ensuite la fonction "Section mode" et sélectionnez le plan précédemment créé. Le programme va maintenant créer une vue en coupe.

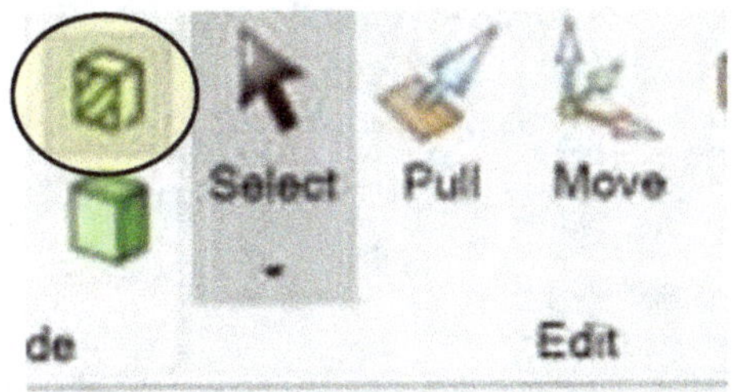

Figure 75: "Section mode" pour créer la vue de la section

Nous devons dessiner la surface de coupe qui résulte de cette action sur le plan x-z afin de pouvoir ensuite faire pivoter un bol complet à partir de celle-ci en utilisant la rotation. Le plan x-z car nous voulons voir la surface de coupe de face. D'ailleurs, nous dessinons sans les bords arrondis. Essayons ceci, et vous comprendrez mieux ce que cela signifie.

Pour cartographier la section transversale, nous traçons une ligne de base de 35 mm, qui correspond à la moitié de la largeur du bol en bas. Ensuite, nous dessinons la paroi du bol et dimensionnons la distance supérieure à 75 mm, ce qui correspond à la moitié de la largeur supérieure du bol. Puisque le mur avait 5mm, nous voulons utiliser cette valeur ici aussi. Nous ne dessinons que la moitié du profil de la section transversale de tout à l'heure, puisque nous allons faire pivoter cette moitié de 360 degrés autour de l'axe z pour obtenir le bol.

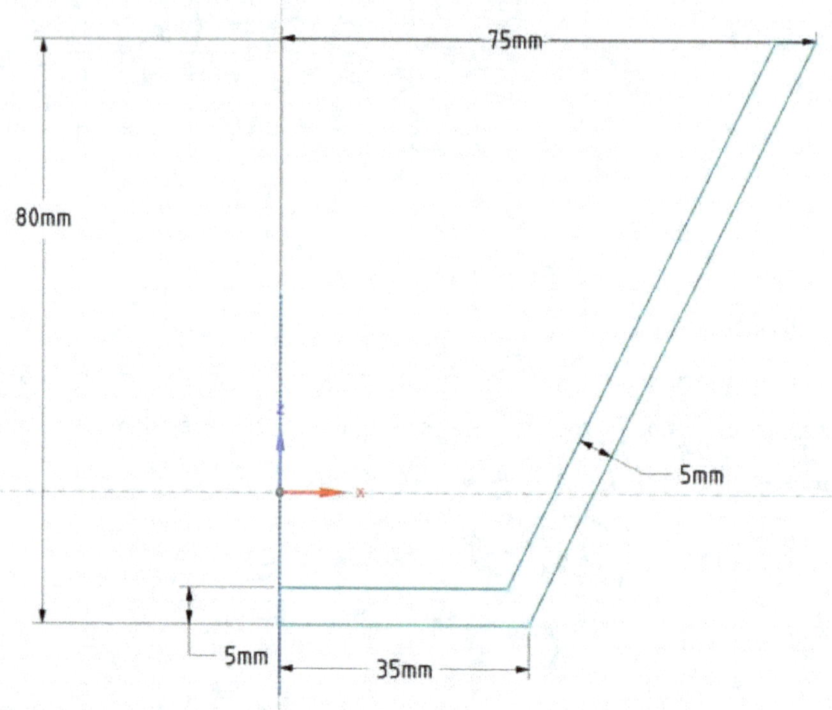

Figure 76: Géométrie et dimensionnement du croquis de la section transversale (moitié)

Après avoir fermé l'esquisse avec une autre ligne, nous pouvons la faire pivoter autour de l'axe de rotation en sélectionnant la fonction "Pull" et en choisissant "Revolve" dans le coin supérieur gauche.

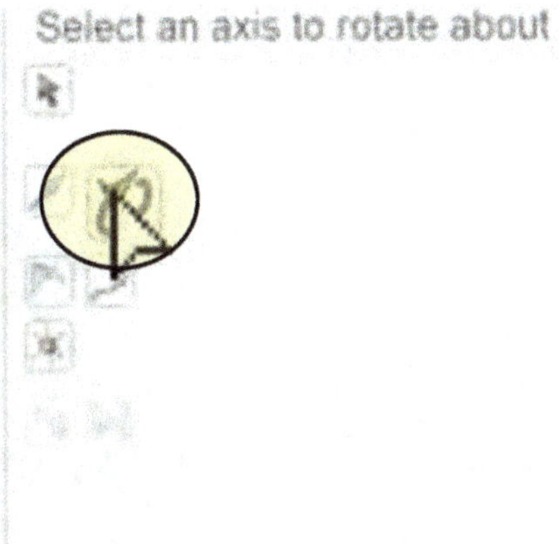

Figure 77: Sélection de "Revolve" après la sélection de "Pull"

Pour ce faire, il faut d'abord sélectionner l'axe de rotation, c'est-à-dire notre ligne auxiliaire dans la direction z, et dans un deuxième temps, sélectionner la surface dessinée. Entrez la valeur 360 degrés pour une rotation complète.

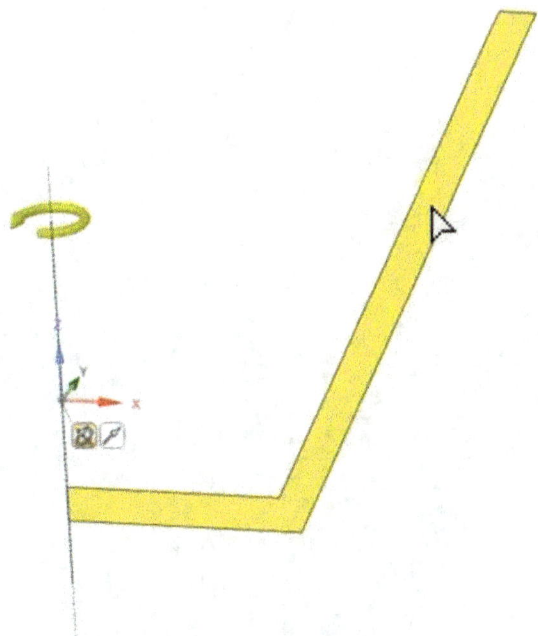

Figure 78: Sélection de la surface et de l'axe pour démarrer une rotation

C'est un moyen rapide d'obtenir le bol souhaité.

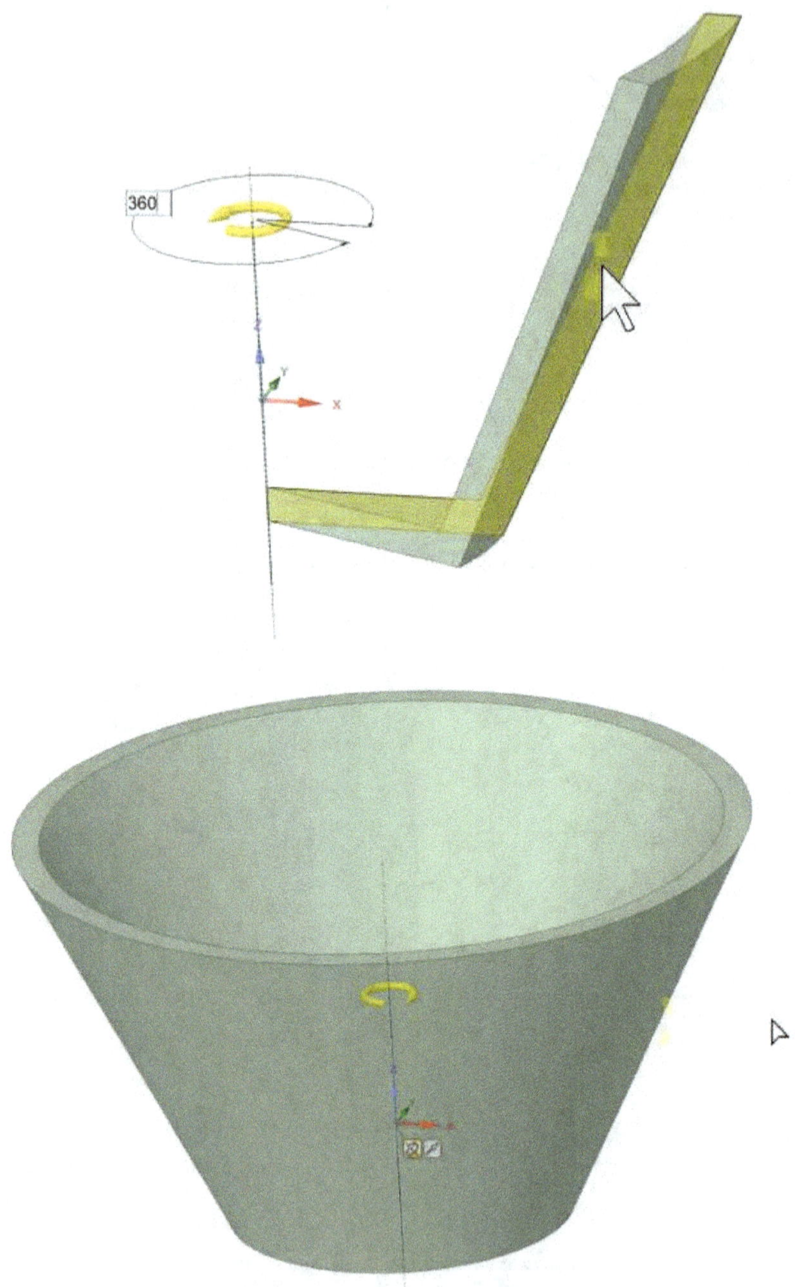

Figure 79: Rotation du bol et du bol fini (360°)

En dernier lieu, vous pouvez arrondir à nouveau les bords. Comme vous pouvez le constater, il existe plusieurs façons différentes d'atteindre l'objectif de construction. Selon celui que vous choisissez, vous pourrez construire plus rapidement et/ou plus facilement.

S'ils construisent quelque chose de temps en temps et pensent dans l'espace, ils développeront ce sens de la méthode la plus rapide et la plus facile après un certain temps. Continuons ! Le bol sera assorti d'une tasse dans le prochain projet!

11 Projet VI: Tasse

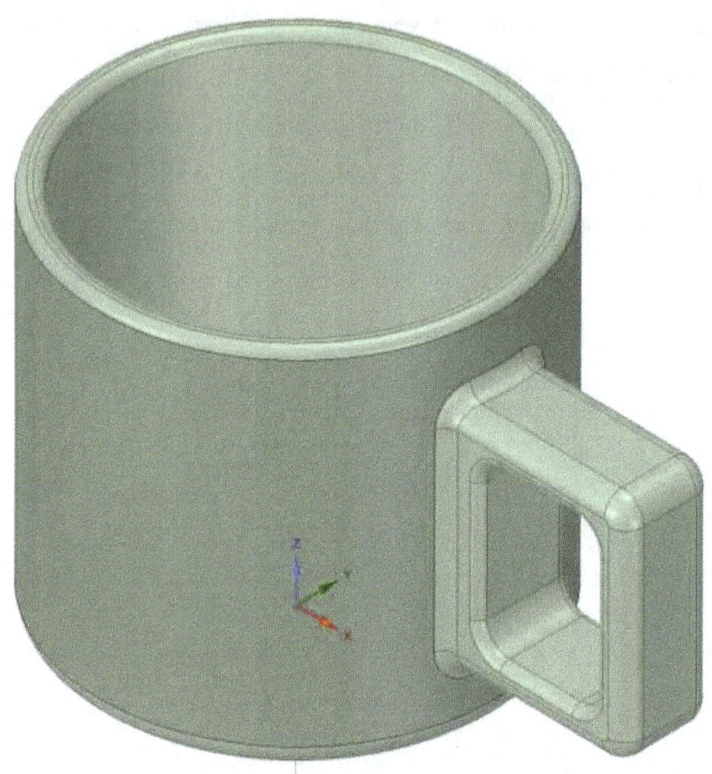

Ensuite, nous aimerions également construire une tasse comprenant une anse. Dans ce qui suit, prêtez attention à la combinaison ciblée des processus additifs et soustractifs dans ce projet. Commencez par une géométrie circulaire dans l'environnement d'esquisse 2D dans un nouveau projet. Le diamètre peut être de 90 mm, par exemple.

Passez ensuite à l'environnement 3D et créez un cylindre à partir de l'esquisse en utilisant la fonction "Pull". Une dimension de 80 mm est utilisée ici. Utilisez ensuite la fonction familière "Shell" pour évider la tasse. Nous choisissons ici une épaisseur de paroi de 5 mm.

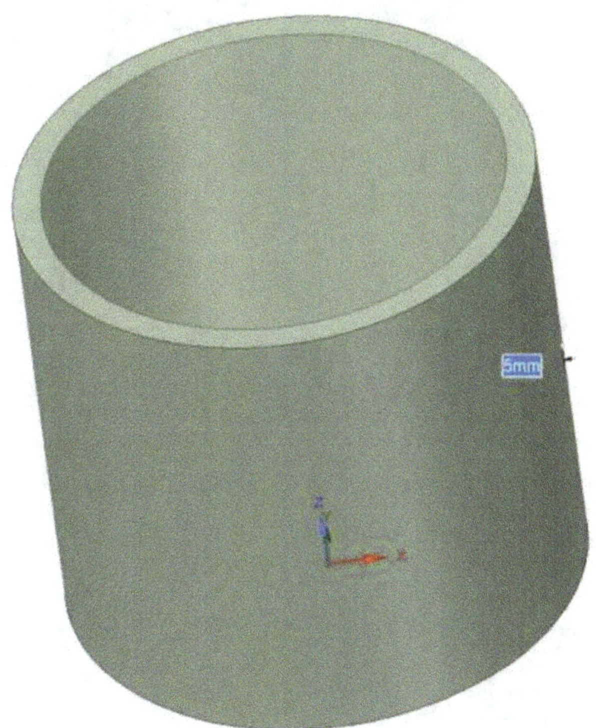

Figure 80: Élément cylindrique pour le gobelet : dessinez un cercle (90 mm), utilisez "Pull" (80mm) et creusez-le avec "Shell" (sélectionnez la surface supérieure ; épaisseur de paroi de 5 mm)

Dans l'étape suivante, créez un nouveau plan pour l'anse de la tasse sur la surface du bord supérieur de la tasse.

Déplacez ensuite cette couche de 15 mm vers le bas, c'est-à-dire dans la direction de l'axe z négatif. Pour ce faire, il faut sélectionner le plan et le déplacer en utilisant l'axe z bleu.

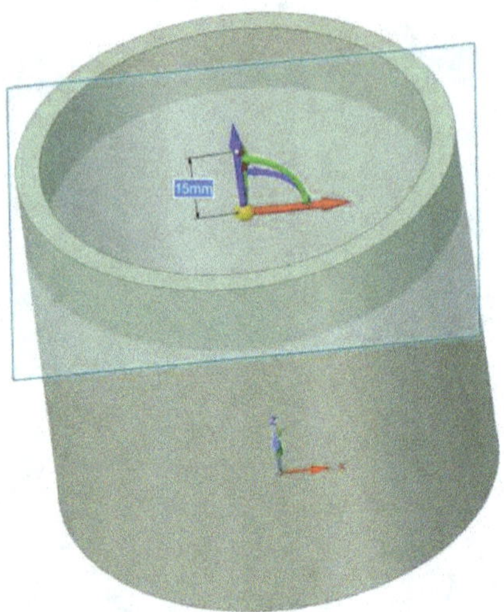

Figure 81: Créez un nouveau plan (sur le bord supérieur de la tasse) et déplacez-le vers le bas

Pourquoi faisons-nous cela ? Parce que nous ne voulons pas que l'anse soit au même niveau que le bord de la tasse, mais un peu plus bas. Sélectionnez ensuite l'"Environnement d'esquisse 2D" et la "Top View" et créez une ligne verticale de 20 mm sur le plan précédemment créé.

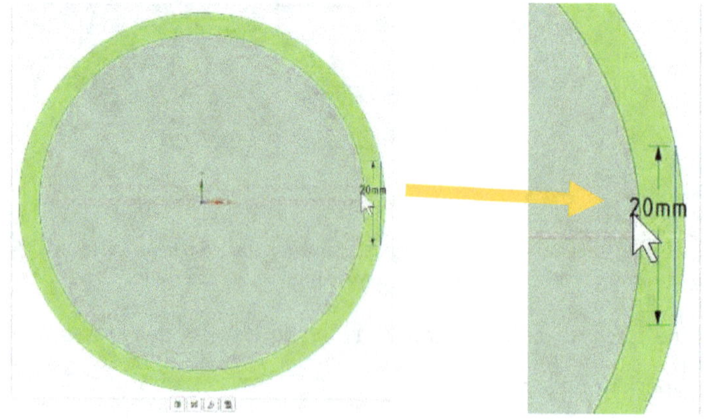

Figure 82: Créez une ligne verticale de 20 mm

Complétez le profilé avec 2 lignes horizontales de 40 mm de long et une ligne verticale, de manière à créer un rectangle. Maintenant, vous pouvez peut-être déjà deviner la forme de la poignée. Dans ce cas, l'élément est ajouté à l'élément cylindrique de base, c'est-à-dire la tasse.

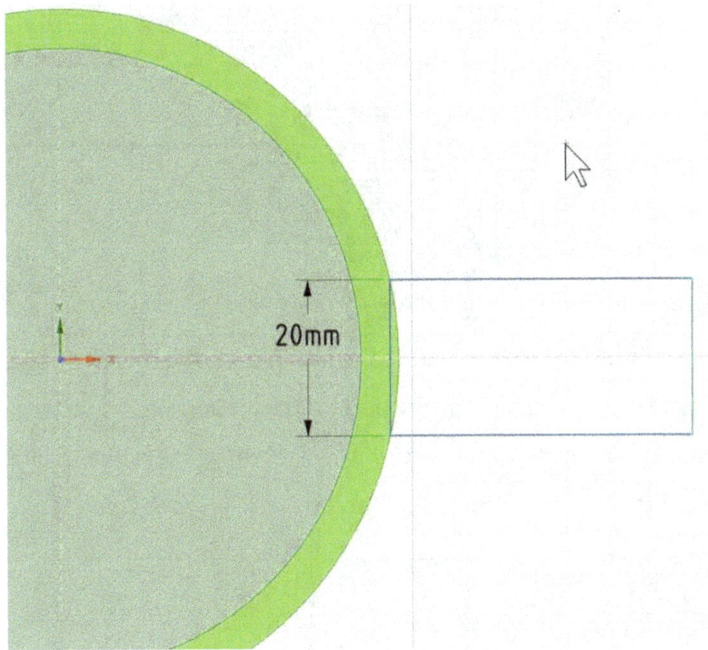

Figure 83: Ajouter deux lignes horizontales de 40 mm et une ligne verticale

En mode 3D, vous pouvez façonner le profil de la poignée de manière tridimensionnelle à l'aide de la fonction "Pull" dans la direction de l'axe z négatif, c'est-à-dire vers le bas. Nous choisissons une dimension de 50 mm.

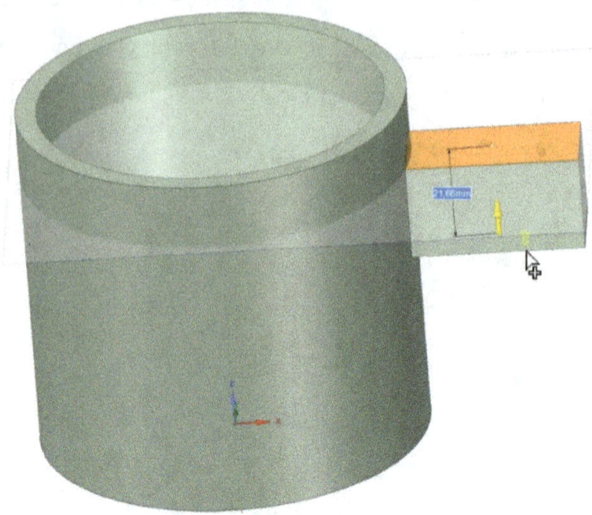

Figure 84: Créez la forme de base pour la poignée (dimension 50 mm)

À l'étape suivante, revenez à l'environnement 2D et sélectionnez cette fois la surface latérale de la poignée comme plan de dessin. Dessinez un rectangle de 26 mm de large et 36 mm de haut à partir d'un point central et ajoutez les dimensions 20 mm et 25 mm. Vous pouvez également retravailler avec des guides.

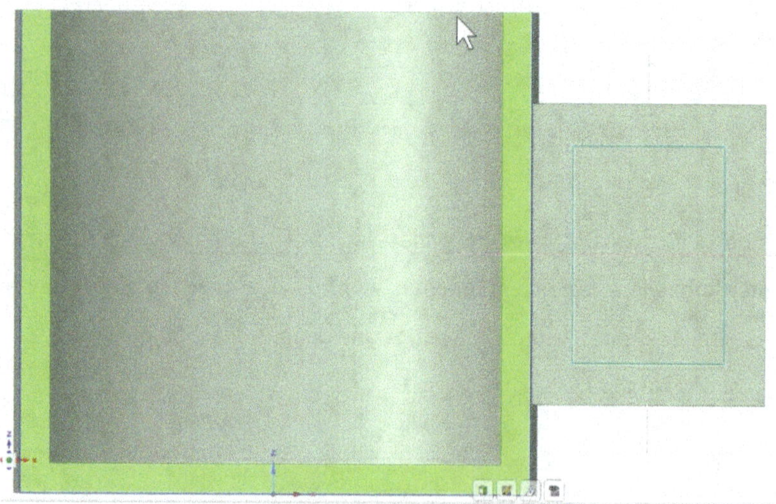

Figure 85: Esquisse de la découpe de la poignée

Ensuite, vous pouvez découper le rectangle en mode 3D. Enfin, nous arrondissons certains bords de l'anse et de la tasse et nous produisons d'autres représentations de la tasse.

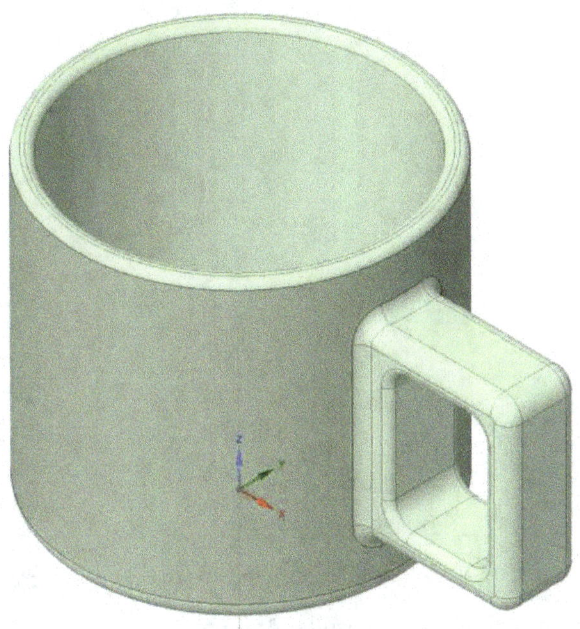

Figure 86: Tasse finie avec poignée

Switch to the section "Display" for the selection of "Graphics" and try out a few renderings.

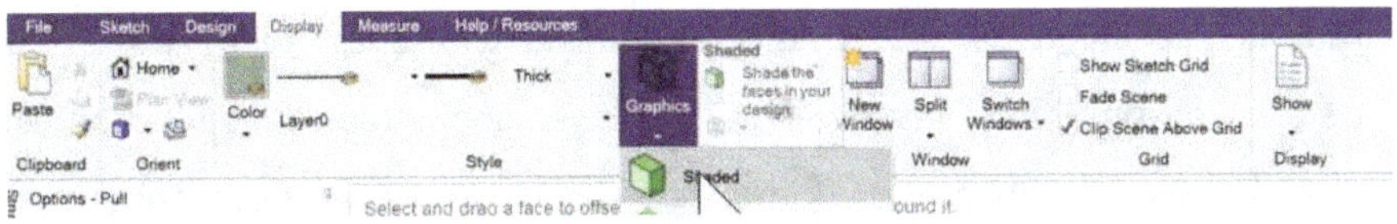

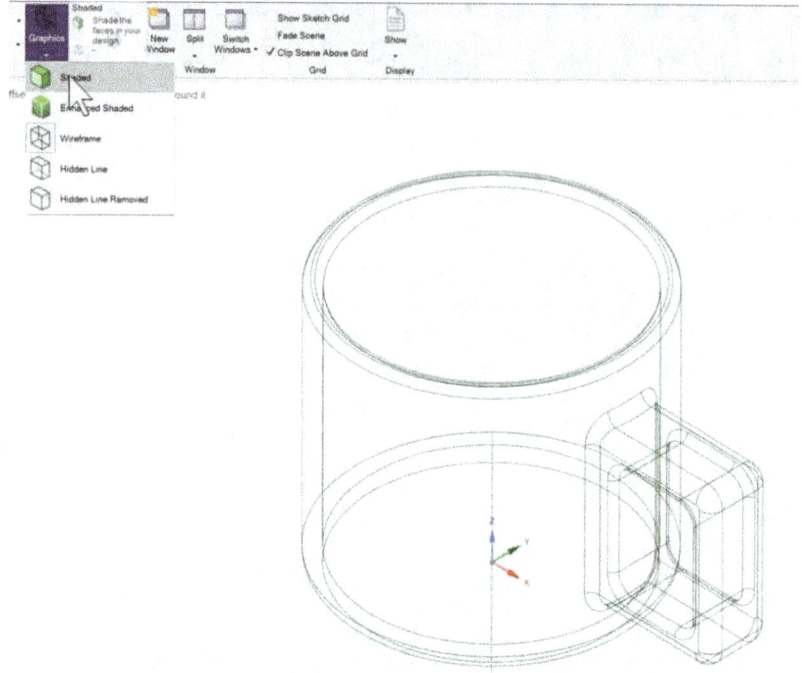

Figure 87: Autres rendus de la coupe

Comme projet final, nous créerons un filetage interne pour un écrou carré dans le chapitre suivant. Ce fil peut ensuite être imprimé, par exemple avec une imprimante 3D, et est entièrement fonctionnel.

Pour une vis, la procédure de création du filet fonctionnerait de la même manière. Toutefois, il faut veiller à ce qu'un filetage extérieur soit nécessaire ici au lieu d'un filetage intérieur. Les fils peuvent également être créés automatiquement à l'aide d'autres programmes de CAO, tels que "Fusion 360" d'Autodesk. Ainsi, vous n'avez pas à les dessiner vous-même. Sinon, vous avez appris toutes les fonctions et approches fondamentales et importantes pour pouvoir ensuite vous lancer dans vos propres projets. Si vous êtes arrivés jusqu'ici, vous pouvez évidement être fier de vous !

12 Projet VII: Écrou carré (filetage)

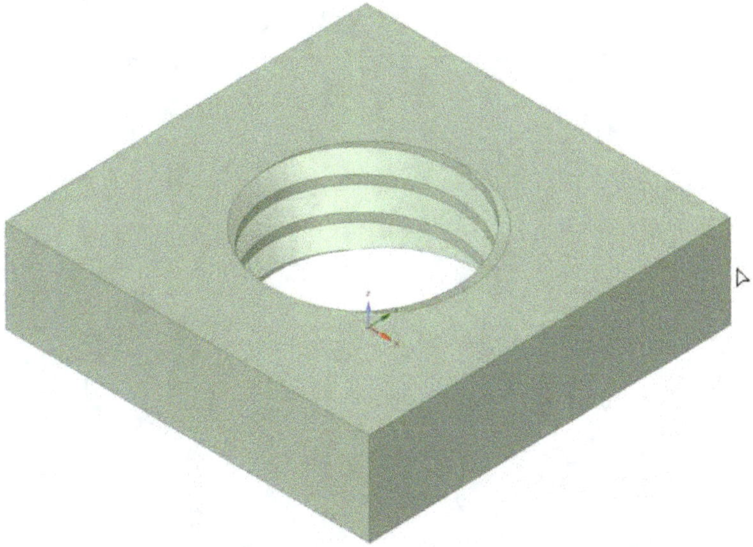

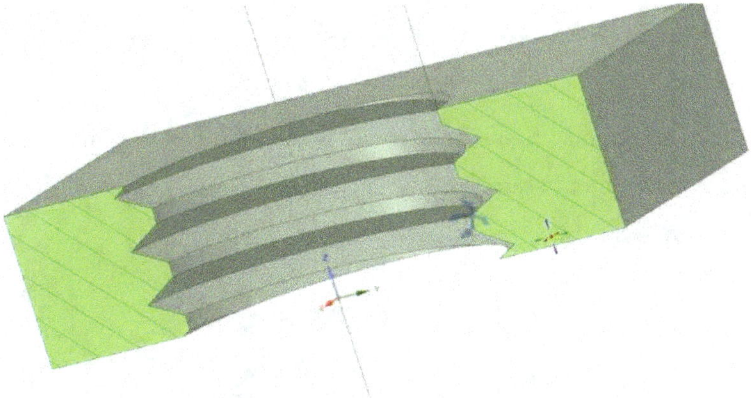

Pour l'écrou carré avec filetage, nous créons une pièce rectangulaire dans l'environnement d'esquisse 2D avec une largeur de 20 mm et une hauteur de 20 mm.

Complétez le profil par un cercle. Le point de départ est le centre des coordonnées. Sélectionnez le diamètre d = 10,2 mm. Les dimensions des pièces standard de l'ingénierie mécanique, telles que les écrous et les boulons, peuvent être trouvées dans un livre de table ou, plus facilement encore, sur Google.

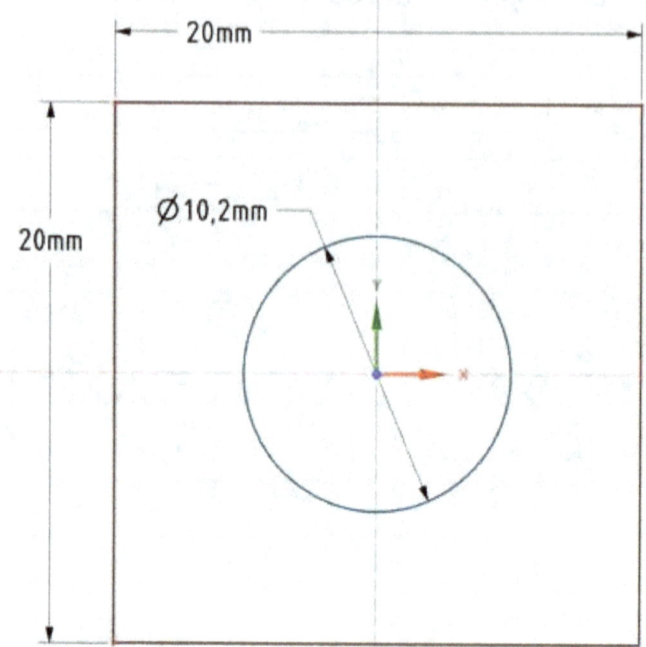

Figure 88: Croquis 2D de l'écrou carré

Après avoir créé le croquis, passez en mode 3D et rendez tridimensionnelle la zone située entre le cercle et le carré. Utilisez une dimension de 5 mm. Vous pouvez supprimer la zone circulaire.

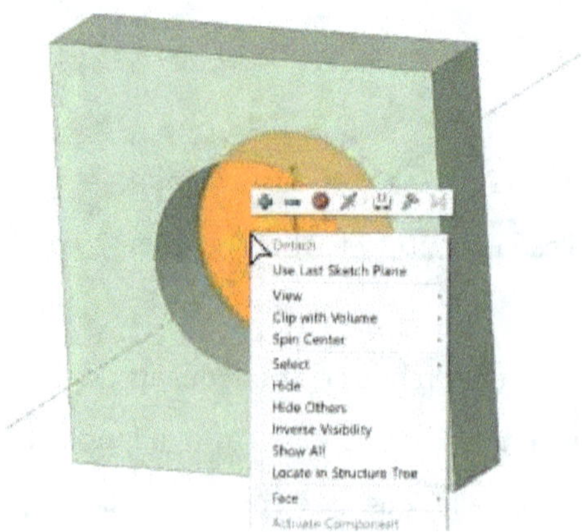

Figure 89: Créer une pièce 3D et supprimer la surface circulaire
(clic droit sur la surface orange, puis "Delete")

Sélectionnez ensuite le "Section mode" et sélectionnez le plan y-z de la pièce en cliquant sur l'axe z. Nous sommes maintenant dans la vue de la section. Dans l'environnement 2D et la vue de cette section, créez deux guides verticaux comme suit. La distance entre eux est de 1,14 mm.

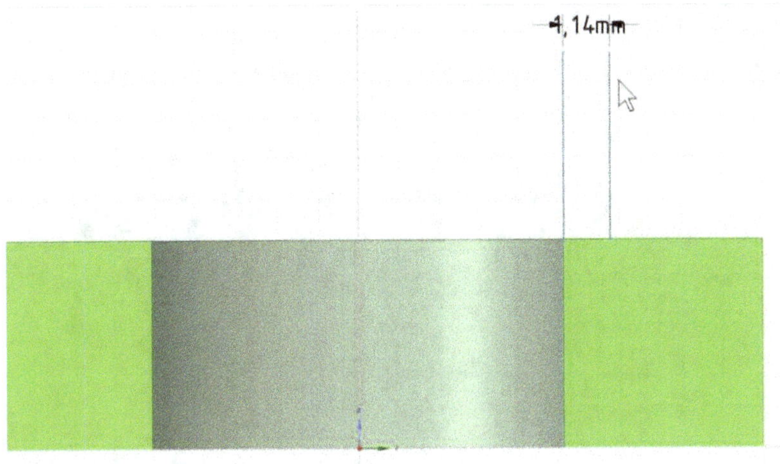

Figure 90: Création de deux lignes de guidage dans la vue en coupe

Ensuite, nous dessinons un petit triangle. Pour ce faire, dessinez d'abord une ligne de connexion à 30 degrés (1) entre les deux guides. Puis une autre ligne à 60 degrés (2) dans la direction opposée et enfin une ligne verticale (3) comme dernier élément du triangle.

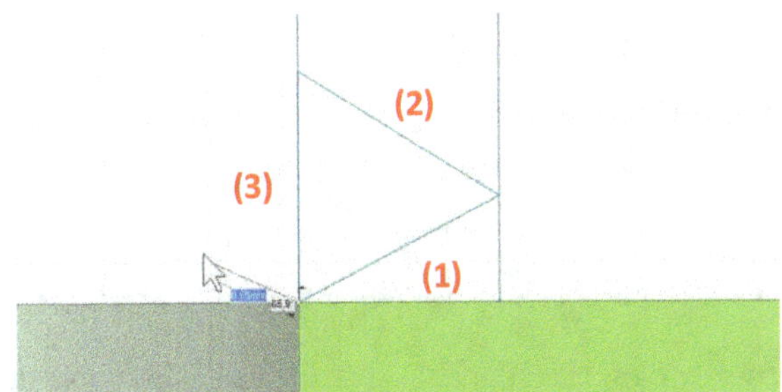

Figure 91: Créez un triangle entre les lignes de guidage

Nous avons besoin de ce profil triangulaire pour créer le fil. Les dimensions et les angles pour un fil particulier peuvent être pris dans un livre de table ou sur Internet. Dans notre cas, nous dessinons un filetage interne M12.

Pour créer le fil, nous passons en mode 3D et sélectionnons la surface triangulaire créée. Ensuite, nous cliquons sur "Pull" et utilisons la fonction déjà connue "Revolve", qui se trouve dans le coin supérieur gauche. L'étape suivante consiste à activer l'option "Cut" dans la barre latérale sous "Options".

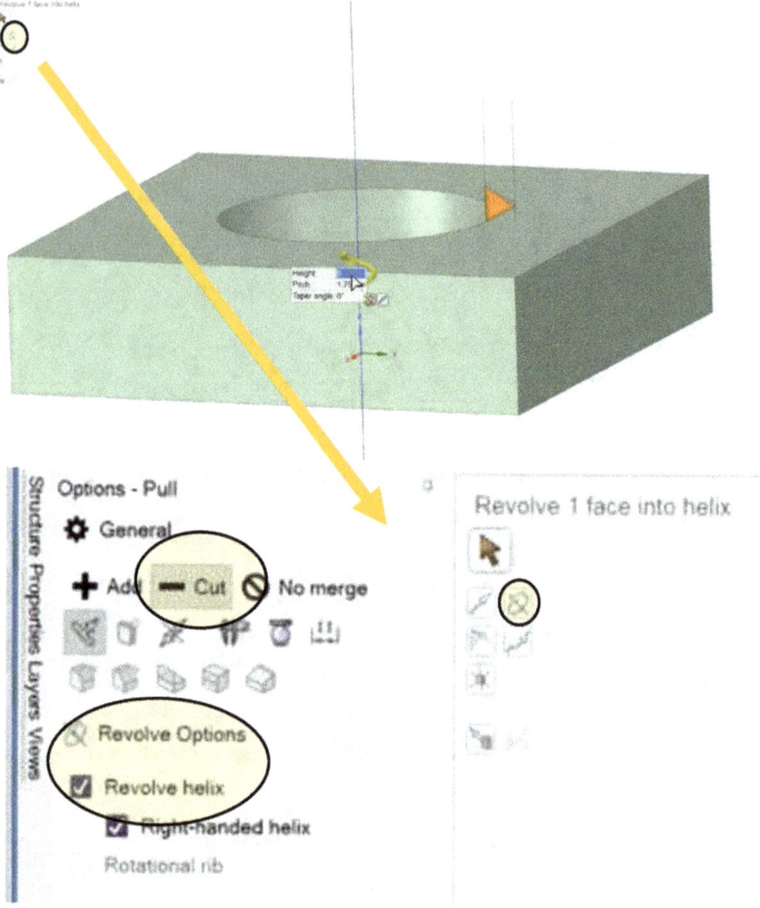

Figure 92: Faites pivoter le profil du triangle avec "Revolve" et sélectionnez les options

Pour faire tourner le filet, sélectionnez l'axe z, c'est-à-dire l'axe du trou, comme axe de rotation. Après avoir sélectionné l'axe, nous devons activer la fonction "Revolve helix" dans la barre latérale gauche sous les options. Une petite boîte apparaît.

Enfin, nous entrons dans les champs prévus les valeurs "Height" (-15 mm), "Pitch" (1,75 mm) et "Taper Angle" (0°), c'est-à-dire la hauteur, l'inclinaison et l'angle de conicité du filet, là encore tirées par exemple d'un livre de tables ou d'Internet.

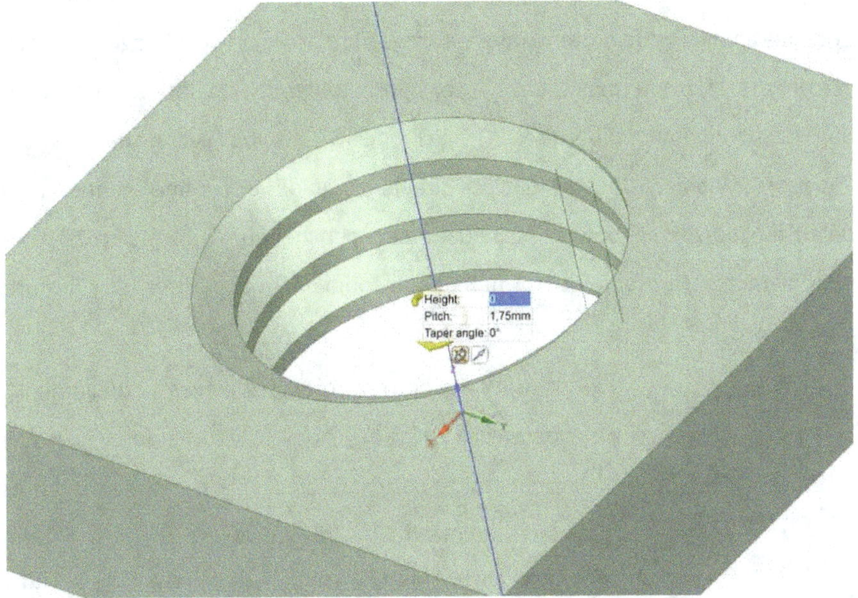

Figure 93: Entrez les valeurs pour la création du fil

Le résultat devrait être ce fil de discussion. Enfin, vous pouvez sauvegarder le projet. Choisissez le format "DS Mechanical Files" pour modifier le fichier ultérieurement.

Vous pouvez également utiliser le format "stl" pour créer un fichier pour une imprimante 3D avec un logiciel de découpage et imprimer le fichier (fichier "gcode" nécessaire). Parfait, même les fils ne sont plus un problème !

13 Mot de la fin

Ceci nous amène à la fin du cours. Il est maintenant temps de réfléchir à vos propres projets de conception, de consolider les méthodes que vous avez apprises et de les améliorer de cette manière. Laissez libre cours à votre imagination avec ces projets ! Dans ce cours, vous aurez appris toutes les opérations pertinentes dans l'environnement d'esquisse 2D et le mode 3D. Cela vous permet de construire vos propres fichiers CAO de manière simple et rapide. Et comme mentionné au début du cours, vous pouvez également vous pencher sur l'impression 3D. C'est extrêmement amusant et formateur de pouvoir matérialiser ses propres conceptions.

Ainsi, vous pouvez créer des pièces virtuellement à partir de rien et avoir une solution à portée de main pour toutes sortes de pièces de rechange ou autres, indisponibles mais indispensables. Profitez de mon livre : L'impression 3D | Un guide étape par étape. Merci beaucoup et amusez-vous bien avec vos autres créations!

Merci d'écrire une courte critique si vous avez aimé ce livre ! Cela signifierait beaucoup pour moi et aiderait tous les autres débutants en CAO ! Merci beaucoup !

Livres sur des sujets que vous pourriez également apprécier

Tous les livres sont disponibles en ligne sur les principales plateformes de vente. Il est préférable de rechercher le titre ou de visiter ma page d'auteur. Certains livres peuvent ne pas encore être publiés et ne seront pas disponibles avant un certain temps. Jetez un coup d'œil aux livres de votre choix et recevez-les chez vous sous forme de livre électronique ou de livre de poche !

Impression 3D :

CAO, FEM, FAO (Création d'objets 3D, Conception, Simulation) :

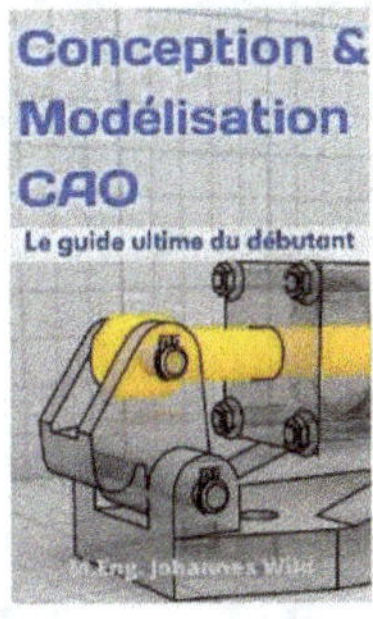

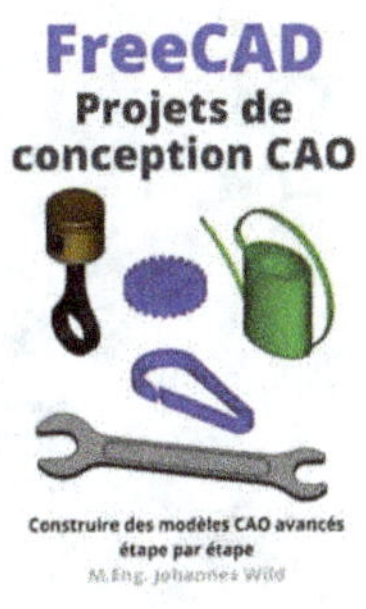

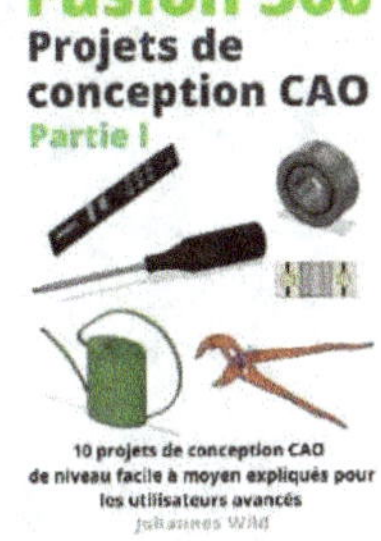

Ingénierie électrique :

Programmation et autres logiciels :

Des cours vidéo identiques sont également disponibles pour certains de ces livres :

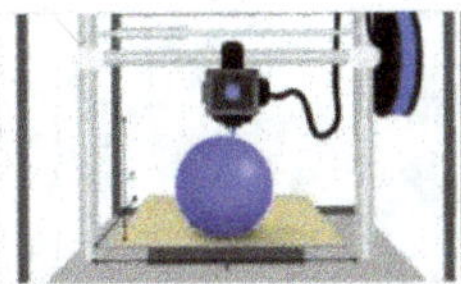

L'impression 3D | Un guide étape par étape
Le guide pratique pour les débutants créé par un ingénieur! Conçu pour une entrée immédiate dans l'impression 3D!
M.Eng. Johannes Wild
4.1 ★★★★☆ (32)
1.5 total hours • 20 lectures • All Levels
Highest rated

La conception en CAO | Modélisation pour débutants
Le guide pratique pour débutants pour créer des objets 3D avec un logiciel de CAO gratuit (pour l'impression 3D,...)
M.Eng. Johannes Wild
5.0 ★★★★★ (2)
1.5 total hours • 15 lectures • All Levels

Fusion 360 étape par étape | CAO, FEM et FAO pour débutants
Le guide pratique d'AUTODESK FUSION 360 ! Apprenez la conception, la simulation et la fabrication auprès d'un ingénieur
M.Eng. Johannes Wild
3.9 ★★★★☆ (7)
3.5 total hours • 24 lectures • Beginner

Fusion 360 | Projets de conception CAO - Partie 1
10 projets de conception CAO simples ou de difficulté moyenne expliqués pas à pas aux utilisateurs avancés
M.Eng. Johannes Wild
2 total hours • 12 lectures • Intermediate
New

···

Pour l'achat, vous pouvez vous décider sur la plateforme d'apprentissage "Udemy" :

Recherchez mon nom sur www.udemy.com :

M.Eng. Johannes Wild ou utilisez le lien suivant :

www.udemy.com/courses/search/?src=ukw&q=m.eng.+johannes+wild

Inscrivez-vous dès aujourd'hui et approfondissez vos connaissances !

Mentions légales de l'auteur / de l'éditeur

© 2023

Johannes Wild
c/o RA Matutis
Berliner Straße 57
14467 Potsdam
Germany

Courrier électronique : 3dtech@gmx.de

Cette œuvre est protégée par le droit d'auteur

www.ingramcontent.com/pod-product-compliance
Lightning Source LLC
LaVergne TN
LVHW021320200726
843509LV00002B/87